U0144535

姜龍昭 著

姜龍昭的戲劇與人生

文史哲學集成

文史哲出版社印行

國家圖書館出版品預行編目資料

姜龍昭劇選. 第四集/ 姜龍昭著. -- 初版. --
臺北市：文史哲，民 88
面： 公分.
ISBN 957-549-194-7(平裝)

854.7　　　　　　88002713

姜龍昭劇選第四集

著　　者：姜　龍　昭
出 版 者：文 史 哲 出 版 社
登記證字號：行政院新聞局版臺業字五三三七號
發 行 人：彭　正　雄
發 行 所：文 史 哲 出 版 社
印 刷 者：文 史 哲 出 版 社
臺北市羅斯福路一段七十二巷四號
郵政劃撥帳號：一六一八〇一七五
電話 886-2-23511028・傳眞 886-2-23965656

平裝實價新臺幣四〇〇元

中華民國八十八年三月初版

版權所有・翻印必究

ISBN 957-549-194-7

江序

姜龍昭老友又要出版其精心創作的「劇選集」了，他先後陸續已出版了三集，這應該是第四集吧。承他的電話密集攻堅，命我務必寫一篇序文，這是我最最不願及最感痛苦的工作之一，我常有「無事家中坐，禍從天上來」之不幸感。忝爲老友、老戰友與老同行的情誼，如想嚴肅、鄭重而堅決地大叫一聲「NO！」，對龍昭我作不出來，我實在是爲難得很哪！

何以至此，因爲在我早年還年輕的時代，正値我文藝創作的尖峰高潮期；多產而叫好，但爲了滿足另一種創作快感，同時又因「交友不愼」而被拉進了編劇行業——電影劇本、舞台劇本、電視劇本及「字數多得要命，能寫死人」的廣播劇本——那是我近五十年以來最痛苦與最恐怖的夢魘經驗之一（或之最），我曾說，只要能另找一口飯吃的話，我絕不幹編劇。

日前不幸又與劇本發生了締扯，廣播界以歡欣鼓舞的心情，掀起了「風華再現」的廣播文藝高潮，在中廣公司李慶平總經理的主導，文建會吳中立副主委與新聞局程建人局長等人的大力支持之下，一致招喚戲劇前輩崔小萍女士重返廣播界，並導演「經典劇場」廣播劇，每週一集（一小時）。息影多年的資深演技派老友們，竟然衆口一辭，爭先恐後地表示要共襄盛舉，統統表示出高度的參與熱情，不幸，製作人的重擔卻，又落在我這個苦命人肩上了。更不幸，第一個步驟就是要先去找那些相交數十年的資深編劇家，替我寫劇本；最大的不幸是，其中包括了這一位鍥而不捨的老編劇姜龍昭，我絕不允許他給我推、拖、拉。他在滿口答應並迅速交稿之後，竟然反咬一口，邀我爲他寫序，我能裝孬嗎？唉！這都是命——命該如此，報應循環哪！

龍昭是我輩老友中，投入最深、用功最勤的編劇，也是少數幾位有始有終、數十年如一日、永不停筆、從不中輟的老編劇家，他先後擔任過電視臺的劇本編審以及專門講授編劇學的大學教職，又是劇本上市最多的作家。其中任何一個職務，均包含了極大的耐心、勞苦與精力支出；任何職務均非常人所能輕易勝任的，何況他在退休之後，尙能老興不減而全心投入，更是令老友欽佩不已的。

巨著問世，聊表賀忱於萬一，未敢言序。

江述凡

寫於八十八年二月六日

（江述凡先生，是名作家，也是一位資深的廣播工作人員，他現任中廣公司「3—6立體世界」、「星星星」、「立體精華」等節目製作人，是廣播界的知名聞人，也是聽眾心目中的偶像。）

自序

一

民國八十六年十月，國防部總政戰部「國軍新文藝輔導委員會」頒發了一座「特別貢獻獎」的獎座給我，獎勉我這些年來，在影劇方面的「貢獻」。爲了表示對此項獎勵的回饋，我出版了「姜龍昭劇選第三集」，將我四十年來，所寫的一百七十個廣播劇本，精挑細選的篩選出十二個劇本，出了一本廣播劇專集。

想不到出版後，頗受一些戲劇愛好者的歡迎，促使我相隔一年，又雄心壯志的推出了這本「姜龍昭劇選第四集」，仍由彭正雄先生主持的「文史哲出版社」出版發行。

蒐集在本書中的，有「人生七十」、「雷雨」（一至四集）兩個廣播劇本，另外還有一篇：「雷雨的剖析及曹禺的寫作歷程」專文，希望大家能樂於閱覽，並給我指教。

首先要說的是「人生七十」這個劇本，是中廣公司爲了慶祝開播七十週年，由導播戴愛華女士專誠邀請我編寫的。我出生於民國十七年，正巧與中廣成立開播是在同一年，而在漫長的七十年歲月中，經歷了不少人生的波折與苦難，也勾引起我年青時候，收聽廣播節目的回憶。

在動筆編寫之初，爲劇情的起伏和內容斟酌再三，如果過份強調中廣的光榮歷史，可能不一定爲年青的廣播聽衆樂於收聽，若完全一字不提中廣，似乎也不太妥當，幾經反覆思考，我完成了這個劇本。其中，人生中的酸甜苦辣、悲歡離合，我都包容在內了，希望收聽過的聽衆，能感到滿意。

二

蒐集在本書中的第二個劇本，是依劇大陸名劇作家曹禺先生的成名傑作：「雷雨」（舞臺劇）所改編而成的廣播劇：「雷雨」，共分爲四集播畢，猶如「廣播連續劇」。

談到改編「雷雨」爲廣播劇，首先要提及的是現任中廣公司的總經理李慶平先生，他年青時是個廣播劇迷，經常收聽崔小萍女士執導的廣播劇，相隔了卅多年，仍然難以忘懷。他就任中廣公司總經理一職後，先是專程赴臺中去拜訪崔小萍女士，希望她能重「回娘家」，爲中廣再重現她往日的風華與光采。

在民國四十六年到五十七年前後，崔小萍女士爲中廣導播的「廣播劇」及「廣播小說」，風靡了整個寶島，那個時代，電視尚未十分發達，每逢週末，大家都守候在收音機前，聆聽她導的廣播劇，爲之熱淚盈眶者有之，爲之輕鬆歡笑者有之，後來，因爲「白色恐怖」的關係，崔女士含冤入獄，失去了自由，從此，廣播劇開始逐漸沉寂，不再爲社會大衆所熱衷。

想不到，崔小萍女士失去自由十年後，能再度受到中廣總經理的關懷，希望她東山再起，她的喜悅與感動，是可以想像的。

李總經理於八十七年十二月七日，先在「來來大飯店」設宴，歡迎崔小萍重返中廣；接著，又於十二月廿九日，在中廣公司召開了一次盛大的歡迎茶會，介紹她與昔日老友見面，最後，決定於八十八年起，為崔女士開闢一「經典劇場」節目，重行執導「廣播劇」，由名製作人江述凡先生，擔任此一節目的製作人，首次演播的劇目，決定先將曹禺先生的四大名劇，改編成廣播劇，先播出：「雷雨」，接著是：「日出」、「原野」、「北京人」。

荷蒙江述凡先生抬愛，邀請我改編「雷雨」一劇，希望我能為崔小萍女士重振聲威，打響這第一砲。

正巧八十七年春天，我化了近半年的時間，蒐羅了不少資料，寫了一篇：「雷雨的剖析與曹禺的寫作歷程」的文章，對「雷雨」一劇仔細的研讀了好幾遍，遂非常樂意的接受這一邀請，在近一個多月的時間內，完成了這一項工程，脫稿後，自覺尚能保持原著的精華，且發揮了廣播劇的特殊功能，故而蒐集在本書中，希望未能收聽到播出的讀者，也能一窺該劇的全貌，因為這一齣戲，雖風靡大江南北六十年，唯對這一代年青的讀者來說，或許仍是十分陌生的。

三

曹禺創作「雷雨」一劇，事先化了長達五年時間的醞釀，但正式完成脫稿時，他只是一位廿三歲的年青人，該劇演出轟動後，一直爲人讚揚，在大陸上，無人敢提出批評，但在香港及留美的作家，仔細研讀後，也表達了不少貶多於褒的言論。我在改編過程中，一一將一些我所見的缺點，加以修正了，此外，「廣播劇」與「舞臺劇」雖同樣爲「戲劇」，但表演的型態，是迥然不同的，茲分別說明如下：

㈠「舞臺劇」是在「舞臺上演出，給人「看」的一種戲劇」，而廣播劇是在「空中演播，給人「聽」的一種戲劇」。兩者之間，明顯的有其不同處。改編工作，等於是將一件做好的「旗袍」，修改成一件「洋裝」，那樣的艱巨。需下相當的「功夫」與具備相當的「功力」。否則會令聽衆，聽了半天，聽不懂。譬如劇中第三幕，蘩漪在四鳳家的窗外，大雷雨中淋得全身濕透，如僵屍一般，突然風雨把窗子吹開讓她看見四鳳與周萍，抱在一起，在舞臺上演出，這場戲確是震人心弦，但她沒說一句話，只是嘆氣的把窗子，由外面關上，這些情節，在廣播劇中，就需要運用廣播劇的技巧來表現，否則很難使聽衆引起共鳴。再如第四幕中，四鳳與周沖，雙雙在花園中觸及電線，而被電死，在舞臺上，只用幕後慘叫聲表現，而廣播劇雖不能看見實況，卻可用對白、音效來加以強調。

㈡「雷雨」原著，共有四幕，此外尚有「序幕」及「尾聲」，演出時間接近五小時，因過於繁長，一般演出時，刪除了「序幕」及「尾聲」，仍有四個多小時，曹禺自己在序文中，也承認過於繁長，計劃刪改縮短，但他自己說：「思索許久，毫無頭緒，終於廢然地擱筆」。在改編時，我也儘量加以濃縮，原打算縮成三集，最後，無可奈何，才寫成四集。「舞臺劇」

長十分、八分都不要緊，「廣播劇」則不能長過一分或是二分鐘，因超過了時間，很可能被切掉，控制劇本的長度，是廣播劇作者，必須嚴格遵守的「鐵則」。再者，原著第一幕中魯侍萍未上場，第二幕出場時，她還沒回自己家，就先到周公館，亦欠合人之常情，我特為之設法在第一集就出場，是先回到自己家以後，再去公館與周太太會面。第三幕中周樸園未出場，因劇在四鳳家進行，他不可能去，受「舞臺劇」佈景的限制，如今在第三集中，我按排他出場，仍在自己家中，調動原著中的對白，化了些功夫，有些對白太嚕囌部份，我不得不將之割愛，但力求不傷及原著的筋骨。

㈢「雷雨」中有些對白，過份誇張，過份強烈，超越倫常，我也作了局部的刪修。過份誇張部份：如第二幕中魯大海對周樸園說：「你從前在哈爾濱包修江橋，故意叫江堤出險，淹死了二千二百個小工」，周樸園能淹死二千多人，仍做煤礦公司的董事長嗎？又魯侍萍對周樸園說：「你有五件綢緞衣，有一件在右袖襟上，有個燒破的窟窿，後來用絲繡成一朵梅花補上的。」相隔了卅年，魯侍萍的記憶力，太驚人了！有可能嗎？超越倫常過份強烈的對白：如第二幕中，蘩漪對周萍說：「你說你恨你的父親，你說過你願他死，就是犯了滅倫的罪也幹。」周萍和後母相好時，會說這樣的話嗎？第三幕中，魯大海對他父親魯貴說：「我打死你這老東西！」第四幕中，周萍欲擺脫他後母，對蘩漪說：「我要你死，再見吧！」我改編時，思考再三，決定讓這些臺詞消失了。

「旗袍」改成「洋裝」，不容易，必須動手腳，但也不能走樣，改得面目全非，難也難在這裡。

四

我眞是做夢也不曾想到，我會將五十多年前看過的「雷雨」改成爲「廣播劇」，猶如周樸園沒想到隔了卅年，侍萍還活著。記得民國七十九年，我隨舞「中國舞臺劇協會」理事長張英先生組團去到北平，拜訪「北京人民藝術學院」時，他們除演出「雷雨」的舞臺劇，供我們欣賞外，也介紹了曹禺的太太李玉茹女士，和我見面，我將隨身帶的一本小記事冊，請她簽名，並希望她能讓我們去拜訪曹禺先先，李玉茹一口京片子向我自我介紹她自己，說是上海京劇院的演員，並在我的記事簿上簽上她的名字外，還寫下地址，是「北京木樨地二二三樓六門十號，曹禺住北京醫院北樓四〇七號，電話：五一二六六一一轉北樓四〇七號。」她說曹禺現住在醫院裡，不方便見客，我也只能回答說：「以後常聯絡」。想不到事隔九年，如今曹禺已離開了這個世界，而李玉茹也離開了北京，到英國去居住了。我想將改編成廣播劇的「雷雨」劇本，請她過目、指教，已是相當困難的一件事了。

好在「人生如戲，戲如人生」，李玉茹女士還很年青，盼望我能有與她再見面的機會。

姜龍昭寫於民國八十八年二月五日臺北

姜龍昭劇選第四集

目 次

人生七十

——民國八十七年八月三日中廣公司開播七十週年播出——

編劇：姜龍昭
導播：葛大衛

時：民國七十七年至八十七年間

人：曾奶奶——六十七歲至七十歲，堅強的婦女　（奶）

曾慧芳——奶奶長女，卅六歲至四十六歲　（芳）

曾慧英——奶奶的次女，卅三歲至四十三歲　（英）

曾慧中——奶奶的幼子，卅一歲至四十一歲　（中）

張志平——慧英丈夫，卅五歲至四十五歲　（平）

胡玲玲——奶奶媳婦，慧中妻，廿五歲至卅五歲　（玲）

小　琪——慧芳長女，先是十二歲，後廿二歲　（琪）

快遞員　（員）

（音樂，劇名、演職員報幕）

（門鈴響，……停了會兒，再按，仍無人來開門）

奶：奇怪，……屋子裡漆黑，也沒有開燈，也沒人來開門，慧中和玲玲都出去了嗎？……也不先告訴我一聲！（自己掏鑰匙開門聲、突然響起一串鞭炮聲）

奶：（嚇一跳）啊，……怎麼回事？……（開燈聲）燈全亮了！慧中，玲玲，你們在家呀！把我嚇一跳！……

（眾：唱生日快樂歌——Happy Birthday to you……）

中：媽，今天是您的生日，……我們故意給妳來一個驚喜！……

奶：是嗎？……我自己都忘了！

玲：媽！……妳看，大姐、二姐，她們都來了呢！

（腳步聲二人從內室走出）

芳：媽！……妳怎麼……這麼晚才回家！

奶：慧芳，……我是去醫院當義工去了。……退休了，總得找些事做做，閒著多無聊！……慧芳，……妳是專程從台中趕來看我的嗎？

芳：是呀！……

奶：大爲還常跟妳吵架嗎？……妳呀，……要多「容忍」！……

芳：我知道。

奶：唷，慧英，……妳肚子又大了，……什麼時候生啊？……

英：還有兩個月，……要是這一胎生男的，……我就準備結紮，……再也不生了！

奶：妳先生同意嗎？……

英：他都聽我的，我說東，他就不敢說西！

奶：妳，……眞好福氣！

中：媽！……這是玲玲訂的蛋糕，……今年，妳六十歲，……我們眞該好好爲妳慶祝一下，可是，大姐說，上館子還不如在家裡吃，比較溫暖。今天大姐、二姐都親自下廚，爲妳燒了幾樣妳最喜歡吃的家常菜，……現在蠟燭已點著了，妳許個願，……吹滅了，就準備開飯了，妳說好不好？

奶：好，我來許願，……盼望大女兒慧芳家庭和睦，不再吵吵鬧鬧，二女兒慧英，這一胎生個胖小子，兒子慧中，……也早一點讓我抱個孫子，……再有就是全家大小，都身體健康，精神愉快！

（吹熄蠟燭聲）

中：媽，……我們也祝福媽，福如東海，壽比南山。（衆鼓掌聲）

奶：玲玲，……上一回，妳因爲忙於工作，結果流產了，……我眞的很難過，……現在，……若是再有懷孕的消息，……妳就把工作辭了，不要再上班了，知道嗎？……

玲：媽，……我聽妳的就是了！

芳：媽，……妳先歇一會兒，我去炒菜去了！……

奶：妳去忙吧！……（感嘆地）唉，時間過得眞快喲，……一眨眼，……妳們也都進入中年了！……慧英，……妳大個肚子，從新竹到台北來方便嗎？

英：是志平開車送我來的，……待會兒，……我要他九點半再開車來接我回去，從台北到新竹，不塞車的話，不用一小時就到了，很方便的！

奶：妳呀，……眞好命，嫁了個百依百順的好丈夫，……志平怎麼不一起來吃飯呢？………

英：他正巧今天台北開同學會，……要不，他一定會陪我一起來的。……媽，……這是他要我帶來的紅包，……祝妳生日快樂！………

奶：（高興的）慧英，……妳眞週到，代我回去謝謝他！………

中：媽，……我也有一份禮物送給妳，……這是玲玲選的一份衣料，……希望妳喜歡！

奶：慧中，玲玲，謝謝你。………

玲：還有，媽，……這是大姐送妳的禮物，是兩罐妳最喜歡喝的「凍頂烏龍茶葉！」………

奶：難得，……你們都有這份孝心！………

（屋外傳來下雨聲）

玲：喲，怎麼突然下雨了！………

中：這天氣，眞是說變就變！………

奶：「天有不測風雲，人有旦夕禍害」，……廿多年前，……你們的父親好端端的，……突然因爲天雨路滑，發生了車禍，……就離我們而去，……當時，你們都很小，……我一個人，無依無靠，帶著三個小孩，……眞是不知道日子怎麼過下去，……（說到傷心處哽咽的哭了起來）……

中：媽，……今天是妳的生日，……妳該高興才對，……怎麼又突然難過起來呢？……過去的事就別再提了！……

玲：媽，……要不要我來給妳說個笑話！……改變一下氣氛！

奶：（止住）不用了，……慧中，……說得對，……今天是我的生日，我該高興才是！

芳：媽，……菜好了，我們開飯吧！……

奶：好，……開飯！……今兒，我還想喝點葡萄酒呢！

（音樂）

（敲門聲，開門聲）

琪：誰喲！……，啊，……奶奶來了，……（叫）媽，……奶奶來看妳了！……

奶：小琪，……妳媽呢？……

芳：（奔出）……媽！妳……怎麼來了？……

奶：小琪給我打了電話，說妳和大爲不但吵架，……而且還大打出手，砸壞了不少東西，鬧得要離婚，是眞的嗎？……

芳：媽，……是眞的！……（哭泣起來）我實在受夠了，……這一回，……我下了決心，非跟他離婚不可！……

奶：究竟是爲了什麼事呢？……十幾年了，你們夫妻，三天兩頭都在吵，難道就不能容忍一下嗎？………

芳：我容忍夠了！………

奶：當初還沒結婚的時候，我就告訴妳，……大爲的脾氣不太好，大少爺做慣了。妳吶，個性又倔強，……要妳再考慮一下，妳啊，聽不進去，說他是妳心目中的白馬王子，非嫁他不可，……結婚以後，……就爲了一些雞毛蒜皮的小事，吵得天翻地覆，……每次都是我來做和事佬！………

芳：媽，……這一回妳不用再來勸我了！……妳看看，……他把我打成這樣，……我能再和他生活在一起嗎？

奶：啊，……他……把妳打成這樣！

琪：奶奶，……爸的臉也被媽抓破了，……眼睛也被打成熊貓一樣了！………

芳：小琪，……不用妳來多嘴！

琪：奶奶，……我不要媽和爸離婚！……我不要過單親的家庭生活，小強、小健，……他們也不願意！

奶：慧芳，……妳決定要離婚，……那這三個孩子怎麼辦？……小琪在電話裡哭著跟我說，……要我馬上到台中來，……他們怕失去妳喲！………

芳：離了婚，……我要孩子跟我在一起，……我不會讓他們吃苦的！

奶：大爲肯答應嗎？……慧芳，妳年紀也不小了，……事情不是那麼簡單！好了，妳說吧，究竟是爲什麼事，吵得非離婚不可呢？

芳：結婚十五年，我……對他眞的夠容忍的了；喝酒、賭錢、玩女人，……他樣樣都來，……我因爲他做生意，也就不管他，……吵過鬧過，……只要他說要我原諒他，……我就忍了，……誰知最近，他推說去高雄出差，經常好幾天都不回家，……朋友告訴我，說他在外面已經有了小公館，……要我盯緊一點。……昨兒他喝得醉薰薰回來，……我逼問他有沒有這回事？……他竟然狠狠的打了我兩個耳光，說，……是有這回事，……妳敢怎麼樣！……他吃定了我，……不敢有所反抗。……媽！……妳說，……我能不生氣嗎？………

奶：好了，慧芳，……別說了，……妳先冷靜一下，聽媽給妳說個故事好不好？……這可是個眞實的故事唷！……

琪：奶奶，……好不好聽？……我也要聽！

奶：小琪，別吵！……聽奶奶說。……有一個姓謝的退伍軍人，已經四十二歲了，還沒成家，後來有人給他介紹相親，認識了一個女孩子，當時兩個人只見了一次面，男的因女的只有廿五歲，長得還不難看，見了她傻傻的只是笑，也不討厭，就決定了這門親事，……一個月後，付清了十萬塊的聘禮，就正式結婚了。………

芳：男的比女的大十幾歲，女的也不嫌他？………

奶：沒有嫌他，……結婚以後，也沒有吵過架，只是對他傻笑，有時候她無緣無故坐在那裡，也會突然笑起來。男的以爲她滿意這件婚事，所以也就沒在意；她不太會做家事，……做丈夫的也不怪她，……只是她只會傻笑，日子一久，他才發覺不對勁，自己娶了個有「精神病」的女人。……半年以後，女的懷孕，她自己也不知道，是由醫師檢查，才知道的。他擔心會不會遺傳？……想拿掉，已經晚了！……

芳：那就只好讓她生了！

奶：是啊！……只好讓她生了！……孩子生了以後，……她還是只知道傻笑，孩子餓得哭了，她也不會餵奶，沖奶粉、換尿布，大的、小的，一切全都由男的一手包辦！……他眞忙得頭昏眼花，精疲力盡。……本來他還有一份工作，後來也只好辭了，在家專門侍候這一對母女。……他曾去找當初介紹的媒人理論過，……媒人說：女方的母親因爲是精神病死了，父親是個酒鬼，也半身不遂，躺在床上，……根本管不了這些事！……

芳：啊，……這男的上了當，……後悔也來不及了！……

奶：有人勸那個姓謝的還是離婚算了，……不然，……背這兩個包袱，生活下去，還有什麼幸福可言！……可是他不聽，……他覺得，既然已經做了夫妻，他有責任把這付重擔挑下去！他背了孩子，帶著她，去大小醫院不斷求診，希望能把太太的病治好，……可是，……醫來醫去，花光了他所有的積蓄、退休金，……還是治不好！……

琪：奶奶，……後來呢？……

奶：後來，他爲了照顧這一對母女，正常上班的工作，他無法去做，只能去打零工，……但是零工也不好找，……他就背著小女孩去撿破爛，……到吃飯的時候，他再趕回來燒飯、洗衣服，……他太太還是只會傻笑。有人好心勸他，……和太太離婚算了，何必這樣苦待自己，……但是，他是一個有情義的人，他不忍心拋下這個妻子，……他說：「十年修得同船渡，百年修得共枕眠」，既然做了夫妻，……就要負責到底！……附近的人就暗暗稱讚他說：「不愧是條眞正的漢子」！……

芳：世界上，……眞有這樣的好人嗎？……

奶：慧芳，……這個姓謝的跟妳父親說：「是我上輩子欠她的，今生還了她，就再也不虧欠她了！」……他眞想得開！

芳：媽，妳說什麼？……那個姓謝的跟我父親認識？……

奶：這故事，……就是妳父親生前說給我聽的，……我一直記在心裡。……慧芳，……妳知道這故事後來的結局嗎？……

琪：奶奶，……快說下去，……後來的結局怎麼樣？……

奶：十五年過去了，……那個小女孩也長大了，……稍稍減輕了男的負擔，……可是長期的勞累，……他終於中風病倒了，癱瘓在床上，動彈不得，……一切都靠那女兒來照顧，那位太太，還是只會傻笑。……有一天半夜，鄰居家大火，男的在夢中驚醒，嚇得大叫，心想，這下死定了，……小女孩也醒了，她想背爸爸逃出去，但是她背不動，……求媽媽來幫忙，……這時候，火光衝天，大家都在叫，快逃命呀！……那個女人，受了驚嚇，突然醒了過來，……她背起丈夫，拉著女兒，快速的逃出火窟，……保住了三個人的性命，……想不到的奇蹟出現了，……她的精神病竟然完全好了，……從此，她細心的照顧丈夫，……還去幫人洗衣，賺錢來養活一家人，……大家都說，……老天爺是有眼睛的，好人總會有好報的！……

琪：奶奶，……妳這故事太好聽了，……明天我去學校講給同學聽！……

奶：慧芳，……夫妻就是這樣，……要互相容忍，互相扶持，……妳聽了這個故事，……還堅持要和大爲離婚嗎？……

芳：媽，妳別說了，……比起那個只會傻笑的女人來，……大爲……可要強多了！……

奶：聽妳這麼說，……媽……心裡……比什麼都高興。

（音樂）

英：志平，我不要腦部開刀，我更不要提前引產！……

平：慧英，這一陣子，妳老是頭痛，經過戚醫師仔細的電腦斷層檢查，發現妳腦部長了個瘤，在左眼球後面，靠近鼻樑的部位，這個部位，粘連到腦神經、視神經、聽神經，非動手術開刀不可，否則會威脅到妳的生命，妳知道嗎？……

英：志平，……不能再等兩個月，等我順利生產以後，再開刀不行嗎？

平：醫生說，……他們爲妳的病例，舉行了會診，大家都說，爲了確保母子平安，……腦部手術越快進行越好，否則，……妳命都沒有了，……怎麼還能順利生產呢！

英：兩個月都不能等嗎？……腦部開刀是大手術，……萬一手術失敗，……我死了，再也看不到小寶了。……志平，我想熬過這兩個月，等我生了小寶以後，……我再死，也心甘情願！

平：慧英，……我不准妳說不吉利的話，那個動腦部手術的大夫，醫術很高明，妳對他應該有信心！

英：他能百分之百的保證嗎？……再說，讓我提前引產，……對小寶來說，不是更不利嗎？……志平，……這一胎是男孩，……難道你希望他生下來是個殘廢嗎？……

平：我當然不希望他是殘廢！醫生說，對於早產兒，……他們可以放入保溫箱，照顧一、兩個月，跟在母腹裡長大是一樣的！……

英：別說得那麼好聽！提前引產，等於果子沒有成熟，硬摘下來吃，會好吃嗎？……母雞孵小雞，還沒到時候，提前把蛋殼打破，裡面的小雞，還沒有成形，……能活得了嗎？……

……

平：慧英，……從我們結婚以來，我處處都是聽妳的，……這一回，……妳就聽我一次不行嗎？……慧英，……在這生死關頭，……妳就別再堅持了，行不行？……妳再不肯合作，……不就自己跟自己過不去嗎？

英：命是我自己的，……你別說這樣的話來威脅我！……

平：（無奈）唉，……妳……要我怎麼說，……妳才肯聽呢？……眞急死人了！……

（開門聲）

平：啊！……妳媽來了！……媽！……慧英，……她說什麼也不肯開刀，也不肯提前引產，……我和她好話都說盡了，她就是不聽！

奶：慧英……

英：（擁抱母親）媽！（傷心哭起來）……我還年輕，……怎麼會碰上這樣倒楣的事！

奶：孩子，……妳從小到大，……不知生過多少病，每一次，不是媽在妳身邊照顧妳，幫妳渡過難關的？……上一回生招弟，……不是差一點要剖腹生產，……妳痛得死去活來，……最後還不是平安的生了下來。……這一回，眞的招來了個小弟，老天爺還是會保佑妳的！

英：媽！……是嗎？……

奶：媽幾時騙過妳？

英：可是，……這一回，他們要我先提前引產，……在坐月子的時候，給我腦部開刀，……我眞害怕過不了這一關！

奶：孩子，不要怕，「生死有命，富貴在天」。……這兩天，我在醫院當義工，在開刀房幫忙，……要不要我說一個親自經歷的故事，給妳聽？……

英：媽，……是不也是有關產婦的？

奶：是一個快要臨盆生產媽媽的故事！……

平：媽，……妳快說，我也想聽！

奶：那一天，我在加護病房值班，黃昏時，快下班了，突然急診室送來一名產婦，她心臟病突發，心都突然停止跳動了，……值班醫師看情況危急，就使用電擊法，使她心臟能恢復跳動，……經過電擊以後，心臟雖有些顫動，……但沒多久又不跳了，……醫師急得滿頭大汗，……就加強電壓，但心跳仍時跳時止，……最後，醫師實在不忍心再按下電擊器了，……因爲他怕產婦肚子裡的胎兒會受不了！……

英：那怎麼辦？……

奶：後來，總醫師、心臟科、婦產科、小兒科醫師都來了，決定就在加護病房，作緊急處理，給產婦開刀，先把胎兒剖腹取出來再說。這時小兒科的醫師說：在這種情形下開刀，媽媽沒有辦法接受「麻醉」，……因爲「麻醉」，……註定會有生命危險！……

平：這怎麼辦呢？……救了小孩，……就顧不得大人，顧了大人，又救不了小孩，眞是左右爲難啊！……

英：媽，……後來怎麼樣呢？……

奶：大家一時也拿不定主意，這時候我發現病人好像要講話，我就把身子湊過去，只聽到她微弱的說：「開刀」！……這醫師，才決定給她開刀。……

英：結果呢？

奶：小孩剖腹生下後，因爲受了多次的電擊，有抽搐痙攣的現象，幸好小兒科醫師緊急處理，保住了小命，……而那位母親，則因心臟衰竭，……還是死了！……

平：（黯然）好偉大的母親，……爲了小孩，犧牲了自己！……

奶：志平，……天下的母親，……都是這樣的。……爲了孩子，就是丟了自己的性命，也在所不惜。……那天下班以後，……我離開加護病房回到家裡，……一直想著，……那母親，在我耳朵邊說的「開刀」這兩個字，……她雖然死了，……但她救了她的小孩！……

……

英：媽，……妳說的這個故事，……好讓我感動！……

奶：慧英，……我希望妳也做一個勇敢的媽媽，……爲了未出世的孩子，妳就接受醫師的安排。……我相信他們全心全意，都是爲妳好，……妳還有什麼好害怕呢？……

英：媽，……妳說得對，「生死有命，富貴在天！」……志平，……我決定這一次全聽你的，……不再堅持己見，……和醫師合作。萬一開刀，眞是手術失敗，……我也認了！

平：慧英，……我好高興聽妳說這樣的話！

（音樂）

玲：慧中，……（興奮地）我告訴你，今天我已經通過路考，拿到駕照了，過兩天，……等我買了新車，我就可以開車送你去上班，你就不用再去擠公車了！

中：玲玲，妳哪兒有錢買車？一部新車至少要好幾十萬！

玲：你眞笨，不會分期付款嗎？……我已經打聽過了，只要付了頭期款，就可以把新車開回家，找銀行作保就行了。

中：頭期款，至少也要十萬八萬吧？

玲：不用，只要三、五萬就夠了。……最近這一陣子，我做股票，賺了些錢，這沒有問題！

中：……

玲：是嗎？……

中：慧中，……你還有多少存款？……都拿來給我做本錢好不好？……本錢多，資本雄厚，才賺得更多！

玲：我哪兒還有存款？……我的錢，不都讓妳去買股票了嗎？

中：找你朋友、同事調些頭寸也行，我開支票給他，我出三分利，……這可比存銀行的利率高唷！……保險不會讓他們吃虧！……

玲：借錢出利息來做股票，划得來嗎？

中：一個月的利息，我一天就賺回來了，怎麼會划不來？……

玲：好吧，……我找人來試試看！

中：對了，慧中，……你二姐腦部開刀，手術還順利嗎？……改天我有了新車，我們開車去新竹看看她。……我聽說二姐夫，有不少積蓄，……可以找他調頭寸給我們！……

玲：我二姐眞倒楣，……她早產生的那個男孩，……如今還放在保溫箱裡，費用相當可觀。……她自己吶，腦部開刀的手術，我聽媽說，花了十八個鐘頭才完成，……那個血管瘤雖說取出來了，可是人在加護病房躺了三天才甦醒，……如今，沒想到又留下了「後遺症」！

玲：什麼「後遺症」？

中：半邊顏面麻痺，左耳全聾，身體像中了風一樣，不要說走路了，手腳不斷的顫抖，……不知道，……經過復健，會不會復原？

玲：怎麼會這樣？

中：誰知道呢？……所以這些日子，……媽去新竹，不是都住在醫院，親自照料陪著她嗎！……

玲：二姐還這麼年輕，……若是不能復原，……這不慘了嗎？……

中：所以，……玲玲，……妳想找二姐夫調頭寸的事，我看還是過些日子再說吧！……

玲：唉！……人生眞是這樣，……就怕「病」來磨！……

（音樂）

（奶奶哄著小寶睡著，搖著小床，哼著催眠曲）

奶：小寶，……乖乖睡啊，……睡了才會長大。……呀，……終於給我哄睡了！……男孩子可眞不好帶唷！……

（遠處傳來腳步聲）

奶：慧英，……妳在做什麼？

（遠處傳來人摔跤落地聲，跟著匡啷鋁盤掉地聲，水瓶打破聲）

奶：（急奔去）慧英，……呀，……摔疼了沒有？……要妳別隨便走動，妳不聽，……差一點，……又闖大禍！……來，我先扶妳坐下再說。

英：（注意本場，她最好嘴裡含一顆橄欖說話，因開刀後，她說話口齒已不清楚）媽！……

……

奶：別哭嘛！……媽知道妳心裡難過，可是妳一哭，……媽比妳更難過！……

英：好，我不哭！……

奶：也眞是的，開刀到今天已經一年多了，怎麼，……開刀留下的「後遺症」，一直沒有好轉不說，……到現在，連說話口齒也不清，嘴巴歪歪的，吃飯飯菜都會掉一地，……

……難怪人家叫妳「歪嘴婆」！……

英：媽，……別說了，……要……不……是……媽……有耐心來照……顧我，……我眞想……

……死了算了！……

奶：慧英，……媽不准妳說這樣洩氣的話！招弟四歲不到，妳心疼的小寶才一歲多，……妳死了，妳讓他們日子怎麼過？……妳不能放棄妳做母親的責任哪！

英：我……好……像……走到人生……的盡頭了，……什麼……希望……也沒有了。……

奶：別這樣悲觀！戚大夫說，……過些日子，……等妳情況穩定以後，……他要再給妳動一次手術！……他說，歪嘴、口齒不清這些情形，……會改善的！

英：（堅決的）不，……我……不要再開刀！……（大叫）我……不要再動手術！……（情緒激動）……

奶：好！……依妳，……不再動手術！……妳剛才，……想……倒水喝，是不是？……

英：嗯，……

奶：好，……妳別動，……我去倒水給妳喝！（走動聲，倒水聲）水來了，妳慢慢喝。別急！……

英：（喝水，水漏聲，吞咽很不便）……

奶：今天天氣很好，要不要我推輪椅，讓妳到外面去透透氣，……老悶在屋子裡，會悶出病來的！

英：不，……我不要出去，……我……不要……見……任何人！

奶：慧芳、慧中，他們跟我說了很多次，想來看看妳，……玲玲也生了個男孩，已經滿月了！

英：不，……我不想見他們，……我不要他們看見我現在這個樣子！

奶：慧英，……連妳大姐、小弟他們，……也不想見嗎？……

英：（哭著說）媽，……妳……饒了我吧！……別再逼我了！……

奶：（無奈）好，……媽……依妳！……

（門鈴聲）

奶：啊，……是志平下班回來了！……（腳步聲）

平：媽，……慧英，……妳還好吧？……小寶睡了？……

奶：嗯！……慧英，……今兒我想早一點回台北去，……因爲玲玲的小孩，……有點發燒，
……像是出疹子的樣子！……我得去照顧一下！

平：媽，……妳有事，……就走吧。……我會看著慧英的！……

奶：慧英，……那我走了，……明兒見！……

英：明兒見！

（腳步聲，關門聲）

英：志平。……

平：嗯！

英：像我這樣的一個病人，……你……還……愛我嗎？……

平：慧英，……相信我，……我一直愛著妳，……我願意照顧妳一輩子！

英：（感動）志平，……你對我眞好！……

平：慧英，……我想把招弟帶回家來，妳說好不好？……

英：招弟不是由你的親戚表嬸在照顧著嗎？……帶回家來，媽又要照顧我，還要餵小寶吃奶，
……怎麼忙得過來！……

平：慧英，……前兩天，我去表嬸家看招弟，……她被鄰居的小孩欺負，打得手臂、脖子都
是傷，……見了我，……就抱著我，哭著說，她想媽媽，……她不要再住在外面，……

她要回家來住！……

英：（痛澈心肺）啊，……可憐的招弟，……沒想到，媽病了，……害妳在外面受人欺負！

平：我想，老讓妳媽辛苦來照顧妳也不是辦法，……我決定找一個佣人。聽說，現在找菲傭很方便的！……

英：志平，……那就快去找，……方才，……我聽說招弟被別人打傷，我好心疼！……志平，……為什麼，……我會這樣的倒楣，……得這樣的怪病！……

平：人生總會有不幸的事發生！……沒有一個人，……永遠是幸福、快樂的！……

英：志平，……感謝你，……在我痛苦的時候，……陪在我的身邊。……

（二人相擁互相安慰）

（音樂）

中：媽，……小華他睡了嗎？……

奶：好不容易，我才把他哄睡，……他一定要等媽媽回來，……他才肯睡。……慧中，都快十點了，……玲玲怎麼還不回來呢？

中：她喲，……為了做股票，想多賺一些錢，……去請教一位專家邱老師，他懂得分析劃線，知道……明天什麼股票會跌，什麼股票會漲，……這樣，……就可以穩賺不賠！

奶：天下會有這樣的好事？……慧中，你還是勸勸玲玲，別走火入魔了！……有些人做股票賠了，……會跳樓自殺的！

中：媽，……放心，玲玲經常在我面前說，昨兒一小時內，她就賺了七、八萬，比我一個月的薪水還多吶！……媽，……前兩天，玲玲和我去新竹看二姐，……她的心情和病況比以前進步多了，……見了我們，也不趕我們走，……還有說有笑的，……給我們說了不少笑話吶！

奶：慧中，你知道你二姐，怎麼會有這樣的轉變嗎？

中：是醫生給她開刀，治好了歪嘴的毛病，說話也不再口齒不清了！她自己說，過去動不動就發脾氣，亂甩東西，……現在也不亂發脾氣了！

奶：你只說對了一部份，最主要的，是她遇見了一位有耐心的心理醫師，他懂得病人的心理，他給慧英講了不少他治病時遇見的一些眞實故事，給她做了心理輔導。……人就是這樣，只要心情開朗了，就什麼病也不怕了！心靈改造眞是比什麼都重要……

中：心靈改造！……對，眞比什麼都重要！

奶：記得你父親生前曾這樣和我說過，所謂心病還得心藥醫，許多病人不是靠藥品，要靠心理輔導，心竅開了，什麼阻礙都排除了！人太渺小了，……許多事情不是我們自己的力量可以解決的，……難關，總有辦法可以安然渡過。

中：嗯！媽，您說得有道理！……

（敲門聲：「曾慧中先生，有你的快遞」！）

奶：誰呀！……這麼晚還送信來！……（開門聲）啊，慧中，是你的信，快來簽收。……

中：（撕信……驚訝）是玲玲……寫給我的！……

玲：「慧中，當你接到這封信的時候，……希望你能原諒我，……我常在你面前說，做股票賺了不少錢，……事實上，過去是曾經賺過不少錢，但是我因爲貪心，越做越大，向一些親友借了不少錢來做資本，最近這一陣子，經濟不景氣，股票一路狂瀉，跌到谷底，……我已欠了不少債，再也還不清，……實在無奈，只好一走了之，……留下這爛攤子，只好靠你和媽來料理了。……我走了，希望你好好照顧我們的孩子小華。……玲玲留。」

奶：什麼？……玲玲欠了不少債，……無法償還，……竟一走了之，……她會到哪兒去呢？……會不會去自殺？……

中：希望她不會這樣做。……只是她究竟欠了多少債呢？……看樣子一定很可觀，……我哪有能力來還債呢！……媽，……這怎麼辦？……

奶：慧中，……唉！……玲玲怎麼會這樣做呢？……我早說過，……做股票別走火入魔！……人哪，……都是太貪心了，……才會惹禍上身哪！

（音樂）

（電話鈴響）

中：喂，……你找胡玲玲，……她不在吔，……什麼？……你要把她開給你的支票，今天就軋進去！……馬先生，你聽我說，是不是可以緩一緩，……我來想辦法，解決這些問題。……因爲玲玲欠下的債務，實在太多了，……我得有時間清理，……才行呀！對不起，

……問題發生了，……我們想辦法來解決嘛！……好，……謝謝你！………（掛上電話）

奶：慧中，……玲玲究竟欠了多少債，……你有沒有登記下來喲！

中：前兩天是兩百多萬，……現在……變成四百多萬、五百多萬，……說不定再兩天，還會有人打電話來。……我眞沒想到，……她會虧欠這麼多的錢！

奶：慧中，你有沒有去打聽過，……她現在人究竟在哪裡？……躲，能躲得掉嗎？……她父母家，……你有沒有去問過？……出了這麼大的紕漏，她父母也該負一部份責任吧！

中：她父親氣得不得了，……直罵她的母親，沒好好管教，……怎麼會生出這樣不爭氣的女兒！……他們現在就靠終身俸在生活，也還不出這麼多的債啊！………

奶：還有她娘家那些親戚呢？………

中：別提了。那些大伯、姨媽，……還有堂哥、表妹，……也都是受害者，他們手上，也都有玲玲開的支票，……有的廿萬、有的五十萬，……都是爲了想拿三分利，主動借給玲玲的，……如今都成了玲玲的債權人！……我們的左右鄰居，……邀了玲玲參加做的會錢，她全都標走了，現在知道發生這樣的事，都要我每個月固定付給他們會錢呢！

奶：哼，……爲了多一些錢做股票，……她什麼錢都要，……如今，卻一走了之，……怎麼可以這樣不負責任！……慧中，……爲了替她還債，你看怎麼辦呢？……是不是找你大姐、二姐想想辦法！

中：別找大姐、二姐了。………

奶：怎麼？她們不肯幫忙？

中：大姐說，……她有一些私房錢，都借給玲玲了，總共有七十萬；……二姐也是，……有一百萬，……如今都泡湯了，……她們不逼我還債，已經夠客氣了！

（電話鈴響）

奶：我來接，一定又是來討債的！（接電話）喂，……錢老太太嗎？……玲玲也找妳調了頭寸，多少錢？七十五萬！……都是妳辛辛苦苦五塊十塊存起來的棺材本。我知道，……我一定想辦法，……先還妳的！……放心，……我不會跑了的！……跑了和尚，跑不了廟呀！（掛斷電話）……唉，……玲玲，……眞是害人不淺啊！……

中：媽，實在沒有辦法，……我看只有把我們現在住的房子賣了，來抵債吧！

奶：我們這老房子能賣多少錢！……夠還債嗎？……

中：不夠，……只有把爸爸留下的一些古董、字畫，也割愛賣了。……難道還有什麼更值錢的東西嗎？

奶：慧中，房子絕不能賣，賣了，我們住哪兒去？……

中：那怎麼辦呢？……那些債主都說最多只等三天，三天後沒有還錢，他們就把支票軋進去，讓玲玲去坐牢！……

奶：慧中，……我看，……你明天晚上約那些債主來家裡開一個會，好好的商量，……可以緩的就先緩一緩，那些急的，可不可以先付三分之一，……實在應付不了，……我只好把我的退休金，從銀行裡提出來應急！………

中：（感動）媽！……那怎麼可以呢？……那是妳一輩子存下來的血汗錢喲！………

奶：爲了不讓玲玲去坐牢，難道還有什麼更好的辦法嗎？

（電話鈴又響）

中：我來聽。……喂，……什麼？……妳是玲玲？……妳現在人在哪兒？……快回來，……我們總要面對現實，……不能躲一輩子！………

玲：（哭著說）慧中，我對不起你，……我沒有臉來見你們！……可是我又放心不下你和媽！……那些人，有沒有來逼債？

中：玲玲，……妳千萬別做傻事，……媽，……她會想辦法幫我們解決困難的，……妳還是快回家來吧！………

奶：是玲玲打來的？慧中，讓我來跟她說。（接過話筒）玲玲，……媽不怪妳，……先回家裡來，我們一起來面對債主，……解決問題。「欠債還錢」，……大家好好商量一下，……能不能分個輕重緩急，……再說，小華也不能沒有妳呀！

玲：媽，……我……這就回來！………

（掛斷電話）

奶：慧中，……我從來沒開口向人借過錢，……如今，……爲了幫玲玲還債，……我只好厚著老臉，去向一些很少來往的遠房親戚開口了！………

中：媽，……是我不好，……竟娶了這樣的老婆，……讓妳丟臉！……

奶：別說了，……誰要我是你的母親呢？

（電話鈴又響）

奶：喂，……誰呀？……什麼？……妳是小琪，從台中打長途電話來？……

琪：小琪，發生了什麼事？……妳別哭！……慢慢地說。……

琪：奶奶，……爸爸……說……他不要我們了，……他有了另外的一個女人，……再也不管媽媽和我們了！……

奶：怎麼會呢？……妳媽又和妳爸吵架了？……

琪：沒有吵，……是爸提出要和我們分開住，……我媽不肯；他又要媽和他離婚，媽不肯，……他就調頭離開我們走了。……他說，……他再也不回家了！……奶奶，……媽好傷心，……哭得飯也不想吃，我們三個小孩，也不知怎麼辦？……

奶：唉，大為怎麼可以這樣呢？……眞是有了新人忘舊人嘛！……結婚十幾年的夫妻，這樣說走就走！……

中：媽，大姐夫怎麼可以這樣狠心！……

奶：小琪，別哭了，……奶奶這就到台中來看你們，要媽媽別難過。……

琪：是，奶奶。……

（掛斷電話）

奶：（激動地）天哪！……爲什麼有這麼多不幸的事，接二連三發生在我的子女身上呢？……我這一生沒有做過什麼虧心的事，不是說「好心有好報」嗎？老天爺，求你幫助我早日脫離這些苦難！

（震撼的音樂升起）

（過了一陣子，平靜下來）

（門鈴響）

奶：誰呀！（開門聲）啊，……是慧芳來了！

芳：媽，……今天是你七十歲的華誕，我是特地從台中來給妳拜壽，祝媽身體健康，萬事如意！

奶：時間過得眞快，我已經七十歲了！……眞是做夢也沒想到。

芳：媽，大爲本來也要一起來給妳拜壽的，……但是因爲要在台中看店，走不開，所以沒有來！

奶：妳生的三個小孩，都很大了，怎麼也不帶來讓我瞧瞧。

芳：老大小琪已經大學畢業了，……她一會兒會來，老二在高雄當兵，老三爲了考試，也沒能來。……媽，……這幾年，妳就像是我的太陽一樣，雖然有烏雲、風雨，但是妳一出現，……我就有了溫暖和信心。尤其是前幾年，大爲執意要和我分手，是妳在痛苦中，安慰我、扶持我，走過這一段坎坷的道路。……

奶：慧芳，……大為現在對妳好嗎？……他還像以前那樣花心嗎？

芳：自從他的錢，被那個壞女人騙光以後，他才明白那個女人愛他是假的，他低著頭回到我身邊，眞像「浪子回頭金不換」，和從前完全變了一個人。前一陣子，我病了，他無微不至的照顧我，讓我感到好幸福，……我終於守到他回心轉意。……媽，……妳……說得沒錯，「好心有好報」……（激動的抽泣起來）……

奶：慧芳，妳怎麼說著說著，哭起來了？

芳：媽，……我自己也控制不住自己，眼淚就流下來了。……

（開門聲）

中：媽！……大姐，妳也來了，好極了，……二姐、二姐夫已經在飯店等了，我們走吧！

芳：慧中，太破費了吧！

中：大姐，媽，……還有二姐，這些年，我、玲玲，欠你們的，實在太多了，雖說這八年，我已還清了所有的債務，但是妳們的恩情，我一輩子也還不清的，所以，今天我請客，……妳們不用客氣！

（音樂）

平：慧英、招弟、小寶，我們一起來向奶奶拜壽，祝奶奶青春快樂，永遠幸福，……萬壽無疆！（慧芳及小孩一起說：永遠幸福，萬壽無疆）

奶：慧英，……妳的身體，完全康復了嗎？

英：感謝主，……雖說左耳還是聽不見，顏面還是麻痺，但是歪嘴已經糾正過來了，說話也不再口齒不清了，走路不用輪椅拐杖，只是一隻眼睛的視力，還是很模糊。……不過不打緊，我戴上眼鏡不就行了。……媽，……這些年妳眞像是一盞明燈，當我通過死蔭幽谷的時候，妳發光照亮著我，要不然，在那一段黑暗的歲月中，也許我早已不存在了！……

奶：剛才慧芳說，我像是太陽，給她溫暖，現在妳又說我是一盞明燈，幫妳走過黑暗，你們把媽說得太好了。……

玲：媽，……我覺得，妳不僅是太陽、明燈，……對我和慧中來說，妳更是我們生命中的「救星」，要不是妳及時伸出援手，救了我們，……這漫長的八年，我眞不敢想像，怎麼可能還清這些債務的！……慧中，我們來跪下，磕頭拜壽，謝謝媽，……祝她老人家福如東海，壽比南山！……

中：（跪下聲）媽，……沒有妳，我們沒有今天。……

琪：（已是年輕人的聲音）奶奶，對不起，我來晚了。……這一束鮮花，祝福奶奶，永遠像花一樣的美麗！

奶：小琪，……妳眞會說笑，奶奶已七十歲了，妳才是一朵鮮花呢！

琪：奶奶，我有一個好消息要告訴妳！……就是我已經投考中廣公司，被錄取爲播音員了！

奶：（高興的）眞的？小丫頭，奶奶眞要向妳恭喜，……妳怎麼會去投考中廣公司做播音員呢？

琪：我從小就聽奶奶說，妳年輕的時候，最愛聽中廣的節目，像「九三俱樂部」、「猜謎晚會」、「快樂兒童」，還有「廣播劇」，妳心目中的偶像是白茜如、徐謙、白銀，……並且希望自己也能做一個「廣播明星」，……可是，妳投考中廣兩次，都沒有被錄取，後來，妳結了婚，有了小孩，也就放棄了這份心願！………

奶：嗯，……我是曾經這樣說過。……小琪，妳的記性眞好！

琪：所以我很早就想做廣播明星，如今終於「天從人願」，完成了奶奶的心願！……這是我今天送給奶奶的「生日禮物」，請奶奶收下。

奶：小琪，……眞謝謝妳。……（感慨地說）慧芳、慧英、志平、慧中、玲玲，……人生七十古來稀，……走過了這一段漫長的歲月，我深深感到人生的道路，不一定是平坦的，有喜也有悲，有風雨，也有黑暗，有痛苦，更有磨難，老天爺賜福給我們，願大家都有一顆開朗的心。………

（眾鼓掌，祝您生日快樂歌升起，劇終）

「雷雨」的剖析及「曹禺」的寫作歷程

姜龍昭

一、前言

民國七十五年四月，我出版了一本「戲劇評論集」，文壇大老陳紀瀅先生，在為我寫的序文中，曾提及「雷雨」，他寫了下列的一段文字：

「近來我閱讀香港時報〈文學天地〉週刊發現，有人以六次長篇連載〈論曹禺〉，其中包括他在卅年代，所編寫的「雷雨」、「日出」與「原野」。說他那齣戲，是受西洋人易卜生的影響，那齣戲又是受什麼人的影響，貶多於褒，此固見仁見智，有批評的自由，但回想卅年代，曹禺的劇本，演遍了大江南北，到處轟動的情形，今天凡六十歲以上的人士，豈不宛在眼前？而劇本能令人百看不厭，絕非簡單的事。」

有名作家劉紹銘先生，於台大外文系畢業後，赴美先入西雅圖華盛頓大學研讀，後轉入印第安那大學，於一九六六年，以「曹禺戲劇研究」的論文，獲「比較文學博士」學位，返香港任教時，他寫的英文論文發表，頗受人重視，民國六十六年譯成中文，出版了一本「戲劇與小說」的專著，他對曹禺的著作，也提出一些不同的看法，但他承認，在中國劇作家中，曹禺是最受讀者和觀衆歡迎的劇作家。

我在大陸讀中學時，即接觸了「雷雨」這個劇本，這以後，又在一些「戲劇文學」刊物上，拜讀過不少有關「雷雨」的數萬言的長篇論文，當時，我很年青，對「雷雨」景仰不已。到臺灣這幾十年，一直與「戲劇」結下不解之緣。對「雷雨」一劇亦有接觸，雖中斷過一段時日，但一直對它難以忘懷。我不知道這一代在臺灣長大愛好戲劇的年青朋友，對「雷雨」的看法如何，特參閱了不少資料，冷靜、客觀的，對「雷雨」一劇，作了一次剖析，寫成此文。

一、「雷雨」的反應

曹禺完成「雷雨」這一劇本，時在一九三三年，出版問世，是在一九三四年，當時，他只是清華大學戲劇研究所的研究生，年僅廿三歲，後來演出後，大受觀衆歡迎，迄今已超過了六十年，六十年後，中共統治了大陸，曹禺已是「北京人民藝術學院」的院長，又是「中國人民代表大會」的代表，「人大」的常務委員，一直是大陸戲劇界的「龍頭」，雖然香港方面有人敢發表對他貶多於褒的長篇論文，留美專門研究他的比較文學博士，會指出他劇本中的缺點，但在大陸上，共產黨將此劇定位爲「揭露資產階級的罪惡歷史，並表現勞動人民之悲慘遭遇與反抗要求」，對此劇認爲是曹禺畢生的代表作，也是成名作，誰也不敢有絲毫的批評，而臺灣的戲劇學者，也將之視作「瑰寶」，解嚴開放後，於「國家劇院」，隆重上

「雷雨」原著者曹禺任「北京人民藝術劇院」院長時所攝之照片

演。

如今，曹禺先生，已於一九九六年十二月十三日在北京病逝，該是對該劇「蓋棺論定」的時間了。

我想分就：下列各節，向各位作一客觀的評介與剖析。

三、我與「雷雨」的接觸

民國卅四年抗戰勝利後不久，我在故鄉蘇州讀高中二年級，當時十七歲，因熱愛戲劇，除在學校校慶日，演過舞台劇，課餘之暇，還看了不少抗戰時，最轟動的一些舞台劇本，包括：「雷雨」、「日出」、「原野」，曹禺是我心目中一位了不起的劇作家。

記得第一次閱讀「雷雨」劇本時，因年紀還輕，不懂什麼叫「三一律」？覺得該劇有些地方太巧合，怎麼可能一天之內，會發生這麼多事情，而這戶人家人物關係複雜，有後母與前妻兒子發生戀情，少爺與下女未婚懷孕……等情節，以乎不太正常，覺得沒有如同學王世德所說的那麼好。

民國卅六年，上海有一個劇團，從上海來到蘇州演出「雷雨」，賣座鼎盛，我也去看了，那些演員演出該劇，已不下數百場，個個演得入木三分，看後大部份觀衆都受感動流下了眼淚，使我對該劇加深了印象。

卅八年，我離開家鄉到了臺灣，那時我在陸軍八十軍中政工隊，擔任編劇及演出的工作，有一年，有一個劇團自大陸來臺，在臺北演出「雷雨」，而我那時在南部的鳳山灣子頭，無法北上觀賞，深以爲憾。

卅九年，大陸全部淪陷，不久政府開始實施「戒嚴法」，大陸劇作家的作品，已不准演出，但時常在與一般愛好戲劇的朋友聊天時，談及「雷雨」、「日出」、「原野」，我在卅八年來臺前，已全部看完了「曹禺」的劇本，包括「蛻變」、「全民總動員」、「北京人」、「家」等，但一本也未帶到臺灣來。以後，這些書已列入「禁書」，再也買不到，也看不到，我與「雷雨」的接觸，因此也中斷了卅餘年。

民國七十六年，解除了戒嚴法，一些大陸作家的禁書，獲得了開放，那時我聽友人說，臺大附近的書店，已可購買到「雷雨」、「日出」、「原野」的劇本，立即前去購買，那一年，我因胃出血，住院休養，在病床上重新拜讀「雷雨」，有許多與當年不同的感覺，因我已六十餘歲，在大專學校教授「戲劇課程」廿餘年，自己也編寫了五十多年劇本，我發現曹禺的劇本，思維週密，結構謹嚴，人物性格刻劃突出，對白的老練雋永，確有其過人之處，「雷雨」一劇當年能轟動大江南北，並有日文版、英文版、俄文版之出版，絕非偶然，誠如陳紀瀅先生所說：「劇本能令人百看不厭，絕非簡單的事」。

但我又細心的考察它的寫作背景，何以一個廿三歲的青年，能寫出這樣的劇本，他眞是天才嗎？……同時，……仔細研究，難道它眞的一點缺點也沒有嗎？因爲香港發表的論文，以及美國發表的英文著作，我在臺灣均未能看到。

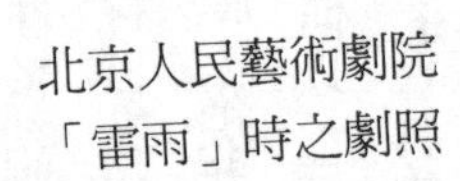

北京人民藝術劇院
「雷雨」時之劇照

民國七十九年，因政府施行開放政策，我與一群此間的戲劇界人士，組成了一個訪問團，去北京與大陸「北京人民藝術學院」的領導人員交流座談戲劇，簡稱「人藝」這一戲劇機構，在中共已有數十年歷史，演出過無數中外名劇，爲了歡迎我們臺灣去的戲劇界朋友，特在「人藝」的劇場，演出他們拿手的招牌戲「雷雨」，供我們觀賞，其中有幾位演員，告訴我說，他們的父親，年輕時也演過周萍、周冲的角色，如今代代相傳，由兒子來繼承衣鉢，可謂劇壇的佳話。

這以後，我在錄影帶的出租店裡，又看到「雷雨」拍成影片的錄影帶，雖增加了些花園的鏡頭，但全劇十分尊重原著，與舞台劇，不敢有過多的改動，可見大陸劇人，對曹禺先生的尊重。

民國八十一年，名導演李行，接受歸亞蕾的邀請在國家劇院的舞台上，親自執導，有江明、傅娟、歸亞蕾等此間一流演員演出，我也不放過去觀賞一次，事後聽說賣座情況甚佳。此次演出前，他們特地把編劇的演出費，派專人去到北京，徵求原作者之同意，時曹禺雖住在醫院療治休養，但在該劇之「演出特刊」上，特別題了字，祝賀演出成功。

回憶往昔，我與「雷雨」一劇，已接觸了五十多年，……我想，在臺灣，像我這樣「雷雨迷」，大概不會太多吧！

四、「雷雨」的創作背景

「雷雨」是曹禺最早問世的第一部作品。民國廿二年完成，二十三年，在鄭振鐸主編的「文學季刊」第三期刊出，正式問世。首次演出在日本，由鄭振鐸譯成日文，日本文學家大爲讚賞，稱曹禺是中國劇壇上的一顆彗星，在大江南北和各大城市演出後，創造了瘋狂的賣座記錄，後又被譯成英文、俄文，並遠赴俄國演出，公認是一部受人歡迎的力作。我想先將它的創作背景，向大家作一番介紹。

曹禺本名萬家寶，曹禺是他用的筆名。他民前二年（公元一九一〇年）誕生於湖北潛江縣，唯出生不久，全家就遷往天津居住。

他父名萬德尊，早年在張之洞創辦的「兩湖書院」就學，後由政府派至日本士官學校留學，畢業後在天津任職，當過宣化鎭守使，獲中將軍銜，平生喜愛詩文，但性情急躁，動輒訓斥家人。

曹禺母親生下曹禺三天後，因「產褥熱」去世，由其孿生妹妹爲繼母，由褓姆段媽照顧他長大，他的童年是孤獨而寂寞的，未享受到親切溫柔的母愛。

他未上過小學，父親延請老師來家中教他讀「論語」、「孟子」，課餘之暇，他也看了「紅樓夢」、「水滸傳」、「西遊記」、「封神演義」、「三國演義」、「聊齋誌異」……等古典小說，同時，也常去戲院看戲。京戲、崑曲、河北梆子、山西梆子，他都愛看，是個十足的「小戲迷」。家中有「戲考」，以及林琴南翻譯的西洋文學作品，他都認眞的研讀，十二歲進入南開中學插班讀初二，十五歲參加「南開新劇團」演出，他演過易卜生的「娜拉」、

「國民公敵」，霍普特曼的「織工」，以及丁西林的「壓迫」、田漢的「獲虎之夜」。在戲中經常扮演女角，受到全校師生的稱讚。

這時，有一位留學美國歸來的學人張彭春先生與之相識，他就拜張彭春爲師，進一步研究西洋戲劇，張彭春送了他一套英文版的「易卜生全集」，他一邊翻查字典一邊閱讀，在三年時間內將之讀畢。後來，他自己承認：「外國劇作家對我創作影響較多的，頭一個是易卜生，我從易卜生的作品中，學到了許多的寫作方法。」

此外，他也喜愛莎士比亞、契訶夫、奧尼爾的作品，認爲從他們那兒，也得到不少益處。

十八歲那年，南開中學畢業，直接升入南開大學經濟系，這一年，他父親投資的紡織公司破產，家道中落，父親也黯然逝世，但也在這一年，他開始構思「雷雨」這一劇本之寫作。

十九歲，他因對經濟學沒有興趣，轉學到清華大學西洋文學系讀二年級，專攻外國文學，同時學習法文、英文、德文和俄文。這時他讀了莎士比亞英文版的全集。廿歲他在清華大學再度演出「娜拉」，並著手翻譯英國劇作家高爾斯華綏的「最先與最後」，導演喜劇「骨皮」及外國劇作：「太太」、「冬夜」等，是學校裡推動劇運的中堅活躍份子。

廿三歲那年，清華大學畢業，考入清大研究院研究戲劇，這一年，他歷時五年醞釀的「雷雨」劇本，終告脫稿。

從以上的介紹中，我們知道他在創作「雷雨」以前，早已對中、西戲劇之研究，打下了深厚的基礎，能一砲而紅，除了他天賦的睿智以外，還有後天的不斷努力。

五、「雷雨」的劇情

「雷雨」推出公演以後，當時中國的話劇運動，尚在萌芽時期，吸引了萬千的觀衆，造成空前的轟動。

一九三四年，那時易卜生思想鬧得正熱，英國劇作家薛勒皮（Screile）倡導的「佳構劇」，亦即「情節劇」最吃香的時期。大家就深入研究「雷雨」，發表了不少洋洋數萬言的論文。有人說：「雷雨的主題，是淵源於希臘劇作家尤里皮底斯（Euripides）的作品「希波立杜斯」（Hippolytus）」，又有人說：「是套自十七世紀法國劇作家拉辛（Racine）的「斐德拉」（Phaedra），技巧則師承於易卜生（Ibsen）的「群鬼」（Ghosto」。

一般人可能不清楚：「希波立杜斯」、「斐德拉」、「群鬼」這三齣戲，是怎樣的情節，我這裡先簡略的說一說。

「希波立杜斯」，他是雅典國王的私生子，長大後立志一生堅守童貞，不與女人結婚。當時，有兩個女神，一個代表肉慾的女神叫阿馥羅黛，另一代表精神愛的女神，叫愛德蜜絲。希波立杜斯十分尊敬精神愛的女神，但排斥肉慾的女神，不肯向之膜拜，乃引起該女神的惱怒，她爲求報復，故意讓國王的繼室菲德雷，愛上這位王子，設法勾引他，與之發生曖昧的關係。

菲德雷後母千方百計，向王子示愛無效，最後羞愧上吊自殺，臨死還手裡握了一封信說王子企圖強暴她，她爲了保全名節才自盡的，國王父親就痛責王子，希波立杜斯向父王表明自己的清白，起誓若眞的犯了淫母之罪，願慘死在雷雨之下，結果駕車狂奔，受傷而亡，父親這時才知道兒子是冤枉的，但悔之晚矣。

拉辛的「斐德拉」（注意：與上劇之後母菲德雷同音），則不把悲劇的起因，歸咎在兩個女神的爭風吃醋上。他同樣訴說一個後母暗戀國王前妻所生的兒子，後母斐德拉成爲主角，把二女神相爭的情節淡化，重點放在人性、愛與情慾的爭執上。斐德拉後母的孽戀，結果同樣失敗後，反咬一口，引起父子之間的誤會，最後王子死了，皇后也服毒自殺，稍有不同的，其中穿插了一位俘虜的女公主阿里西尼，與後母引成「三角習題」。此劇，因將希臘神話故事「人性化」了，成爲拉辛成名之作。

「群鬼」的故事情節，是敘述一對夫婦，丈夫是個風流船長，喜歡拈花惹草、喝酒，婚後有了兒子仍不安份，患上一種可怕的風流疾病，會遺傳到第二代身上，太太有意與之分手，但爲一牧師所勸止，到兒子七歲時，被遠送至巴黎上學，從此沒和父母生活在一起，相隔廿年後，父親去世十週年，兒子始回來與母團聚。這時與家中一年青女傭，談情說愛，事實上，這年青女傭是他父親當年與該女傭生母生下的私生女，與兒子是同父異母的兄妹，母親爲恐兄妹亂倫，說出彼此間的關係，阻止兩人結婚，引起該年青女傭的不滿，最後，兒子發現自己已患上了父親遺傳的怪病，痛苦萬分，母親見愛子如此，認爲這是他父親罪惡的因果報應。

現在，我們再來看「雷雨」的故事。

劇中也有後母勾引前妻兒子的情節，也有劇中老爺先與女傭發生關係，後該女傭改嫁他人生下一女，此女與女傭與老爺所生之兒子相戀懷孕的情節，最後是造成悲劇：一男一女被雷電打死，有人發瘋失控，有人開鎗自殺、有人孤獨地渡過餘生，與上列三劇對照看來，頗有不少地方是似曾相識的。

說「雷雨」完全沒有受「西洋戲劇」的影響，是不公平的。

六、曹禺對「雷雨」的辯白

中國自新文學運動推行以還，一些小說家、劇作家、詩人因接觸西洋文學，創作寫出來的作品，多多少少會受西洋文學的影響，這是無可厚非的事。莎士比亞、拉辛、馬盧、歌德，也曾受希臘神話影響，或是一些大家熟悉的歷史故事、民間傳說，重新加以組合，以「舊瓶裝新酒」的形式來再創造，只要能「推陳出新」，受到社會大衆的讚美，還是値得景仰的。

有人對「雷雨」提出批評後，曹禺於民國二十五年（公元一九三六年）「雷雨」再版出書時，寫了一篇近一萬字的辯白。他說：

「我很欽佩，有許多人肯費了時間和精力，使用了說不盡的語言，來替我的劇本下註腳，在國內這次公演之後，更時常有人論斷，說我是易卜生的信徒，或者臆測劇中某些部份，是承襲了尤里皮底斯的「希波立杜斯」或拉辛的「斐德拉」靈感。認眞講，這多少對我是個驚訝。我是我自己：一個渺小的自己；我不能窺探這些大師們的艱深，猶如黑夜的甲蟲，想像不來白晝的明朗。在過去的十幾年，固然也讀過幾本戲，演過幾次戲，但儘管我用了力量來思索，我追憶不出那一點是在故意模擬誰。也許在所謂「潛意識」的下層，我自己欺騙了自己；我是一個忘恩負義的僕隸，一縷一縷地抽取主人家的金線，織好了自己醜陋的衣服，而否認這些褪了色（因爲到了我的手裡）的金絲，也還是主人家的。其實偷人家一點故事，幾段穿插，並不寒傖。同一件傳述，經過古今多少大手筆的揉搓塑抹，演爲種種詩歌、戲劇、小說傳奇，也很有些顯著的先例。然而如若我能繃起臉，冷生生地分析自己的作品，我會再說，我想不出執筆的時候，我是追念著哪些作品，而寫下『雷雨』。」

曹禺說的這些，完全是眞心話，這五十年來，我自己也編寫了不少各類的劇本，「潛意識」中多多少少會參考一些他人的部份情節、故事，來編寫劇本，這並不違背了編劇創作的原則，尤其是一些歷史故事、民間傳說。

尤里皮底斯的「希波立杜斯」，是遠古時代，希臘的神話故事，初次演出是在西元前四二八年。

拉辛寫的「斐德拉」，講明是根據該劇改編，初演日期是西元一六七七年，相隔了二千多年。

至於易卜生的「群鬼」，則是發生在十九世紀的故事，初演日期是西元一八八一年，與「斐德拉」，也相隔了二百多年。

「群鬼」的故事背景在挪威，而「雷雨」的故事，背景在中國北方的一個城市，劇中的對話、人物的生活情況，都不一樣，以一個當時廿三歲的青年來說，他能編寫出這樣一齣震鑠文壇的劇本，眞是非常難能可貴的事，若再加以挑剔、苛責，說這是很淺薄的「情節劇」而已，未免有點過份，這是我的看法。

七、「雷雨」的優點

「雷雨」的誕生，是在七七抗戰還沒有發生以前，民國廿三、四年時，當時，北伐雖已成功，但中國仍處在半殖民、半封建的社會環境之下，有錢人家的女傭人與男主人發生不正常的戀情，以及年輕的繼母與前妻留下大少爺之間的感情糾葛，可以說是司空見慣，不足爲奇，這些不道德的行爲，正反映舊社會的必然崩潰。「雷雨」的主題，在「暴露大家庭的罪惡，毁謗封建專制家庭的腐朽」，可謂入骨三分，確反映了當時的時代背景。

「雷雨」第二個優點，是全劇採用「三一律」的結構形式來完成，前後卅年的故事，安排在一天廿四小時內演出，在同一個事件，同一個地點，同一個時間內進行。嚴格遵守「三一律」的劇本，不好寫，因爲一定要有高度週密的思考與技巧，否則難以達成。這是十七世紀法國新古典主義時的一種編劇規律，但是到了一八三〇年浪漫主義風行時，就被打破了，因爲不走「三一律」路線，才有更寬裕的創作空間，曹禺創作「雷雨」時，已是一九三三年，他能將卅年的故事，濃縮在一天廿四小時內演出，充分展現了他高人一等的編劇功力。

「雷雨」除去「序場」、「尾聲」外，四幕劇中出場的主要人物只有八個，而每一個人物，性格突出，在劇中均有發揮演技的機會，周樸園是全劇的中心人物，他的身分地位以及在家中的威嚴，氣勢不凡。相反的那位四鳳的父親魯貴，在周家當差，那種鄙俗貪婪，處處要錢的那份嘴臉，十足是小人的典型。侍萍的成熟持重，與敢愛敢恨的蘩漪，又是迥然不同的類比，蘩漪鬱積在心的情慾，得不到愛情的痛苦，實在令人憐憫與婉惜。不懂世事的周沖與飽受壓迫傷害的魯大海，及沉淪於情愛痛苦深淵的周萍，又各有不同的人生幻想，及待人處事的態度。四鳳情竇初開的少女情懷，在母親的威逼下，發重誓，願接受「天上雷劈」的處罰，更是哀怨動人。劇中人物性格刻劃的成功，是「雷雨」演出轟動的重要關鍵。

「雷雨」中的人物相互關係複雜，因而全劇情節之步步堆砌進逼，能處處扣人心弦，引人入勝。如第一幕介紹後母與大少爺的姦情，大少爺二少爺均愛上四鳳的戲，以及魯媽的上場，魯大海與生父周樸園的強烈衝突，周萍與魯大海的對峙，蘩漪與周萍的糾葛難解，最後，揭露異父同母兄妹的身份，二人不能成婚，而四鳳卻已珠胎暗結……等精彩好戲，在第四幕高潮的處理，在在均見劇作者之細密安排、編織，花了相當的心血，該劇走紅一再演出後，有一些觀衆，早已知悉劇中的諸種「謎點」，但仍樂於觀看，是一般戲劇作品難於做到的。

「雷雨」的對白，有好幾場戲，是一些老觀衆，最樂於稱道的。如第一幕中周樸園強逼蘩漪喝藥的戲，可謂劇力萬鈞，逼得看戲的人，透不過氣來。周樸園在第二幕中，認出眼前的魯媽，就是卅年前侍萍的那場，還有第三幕周萍在窗外敲窗要四鳳讓他進屋的那場戲，據曹禺自己說，別人寫戲是順序寫的，他不同，往往先寫構思已成熟的戲，中間先寫，或結尾先寫。如「雷雨」中上述的那三場戲，他是先寫了周萍敲四鳳窗子的戲，再寫逼蘩漪喝藥的情節，再寫魯媽與周樸園相認的場面，可見他寫戲的習慣與一般人是不同的。我最欣賞戲中的一場對白，是在周萍打了魯大海的耳光後，魯媽見自己的大兒子周萍，打了自己的小兒子魯大海，本想上前相認，但又克制住自己情緒說的一句雙關語，她說：「你是萍——憑——憑什麼打我的兒子？……」周萍說：「你是誰？」魯媽說：「我是你的——你打的這個人的媽！」

魯媽有苦說不出，眼淚只能往肚裡吞的神情，曹禺勾勒得觀衆因同情她，而熱淚盈眶，也不由暗自爲之喝采叫好。

「雷雨」數十年所造成轟動的賣座記錄，決非偶然，他擁有的優點不少，難以一一列舉。

八、「雷雨」的缺點

「雷雨」雖有很多的優點，但其中的缺點及欠合理的地方也不少，但一般觀衆看戲當時入了戲，多半被忽略，或提出來討論。

曹禺創作「雷雨」一劇。雖當時僅廿三歲，但他已打下深厚的文學基礎，這個故事的若干人物、情節，在他的腦海裡，前後已醞釀了五年，且他天份高、睿智過人，頭腦清晰，結構縝密，很不容易，找出瑕疵，且演出後，又大受全國愛戲的觀衆熱愛，有些老觀衆，對於戲中的情節，早已知情，但看戲時，依然受感動，加上每一人物的個性突出，配合好演員的熟練演技，更是錦上添花。

但當我與「雷雨」前後接觸了五十年，我也從廿一、二歲的青年，進入了古稀之年，最近我又專心仔細研讀了該劇的劇本好幾遍，同時，在這垂暮之年，我願客觀的提出我的一點看法，至於我提出的「雷雨」缺點，是否有當，尚祈劇界高明之士，有以教我。

㈠「雷雨」故事發生的時間、地點，劇本上沒有明確的交待，只可推測出，這是大陸北方的某一城市，是發生在民國廿二年，還是廿五年，還是更早，也不清楚，不過可以猜想，應該是抗戰以前，該劇完成的日期是民國廿二年，演出則是廿四年，地點可能是天津，因附近有煤礦，又說魯媽是從山東濟南來看她女兒、周家是從南方遷到北方來，卅年前周樸園與魯侍萍在江蘇省無錫縣相識，若以民國廿二年來推算，卅年前是清光緒卅年，民國前八年。光緒卅年，學部奏請朝廷頒布「女子師範學堂」及「女子小學堂章程」，宣統三年，始定初小男女同學，是有男女同受教育之始，魯侍萍當時是十七歲，有錢人家的女佣人，她讀書的機會，實在很少很少。

㈡周樸園家是個大戶人家、有門房、佣僕不少，台詞中提及：張爺、李爺、小當差、陳媽、老僕、僕人甲、乙，以及魯貴、四鳳等多人，還有賬房。第四幕，爲了配合「三一律」，時間交待是當天的半夜兩點鐘，當時周家還有一老僕伺候老爺未睡，但爲了劇情進展需要，先是魯貴進入了客廳，那天他已是周家被辭退的傭人，半夜如何進來？未見交待。不久，魯大海進入客廳，他說：「鐵門叫不開，他是爬進來的，」……又過了一會兒，風雨之夜，四鳳也進入客廳，她說是：「從小門偷進來的。」又過了一會，大海至飯廳下，再領魯媽也進入客廳，魯媽也翻牆進出？……似乎這些人進出自如，周家沒有半個僕人攔阻。後來四鳳奔出客廳，在花園裡觸電死去，僕人卻立刻上場，似乎那些僕人，都未進入夢鄉，欠合一般大戶人家常情。

㈢卅年前，周樸園廿五歲時，與女傭梅媽之女侍萍相愛，先生下一子取名周萍，相隔一年後，又生下一子，才過三天，就被周家趕出大門，此子即後來的魯大海，因而在劇中，周萍廿八歲，魯大海是廿七歲，二人均是他與周樸園所生，故相差一歲，應該沒有錯。然而在魯媽的台詞中說：「她離開了周家，周家少爺就娶了一位有錢門第的小姐。」……事實上，是相隔了十年，周樸園才娶蘩漪進門的，蘩漪一再強調，她進入周家十八年，她為周樸園生的周沖是十七歲，相隔十年後，周樸園已不在無錫，侍萍又怎知他不久娶一富家千金，這是矛盾的，也是大漏洞，侍萍又說她帶了魯大海嫁了兩次，第二次才嫁給魯貴，也相隔了十年，才生了四鳳，四鳳只比周沖大一歲，第一次改嫁何人，劇中也未見交待。

蘩漪嫁入周家時，周萍才十歲，周萍廿五歲時，才與繼母蘩漪發生姦情，廿六歲，四鳳來周家做女傭，他又移情別戀，廿七歲，他與四鳳相戀，珠胎暗結，這中間，這三角戀情一直到廿八歲才爆發，而周萍廿五歲，尚未成婚，在民國初年時代，大戶人家的少爺，都早婚，何以未婚，亦未見交待。

㈣周樸園家，由南方搬遷到北方，卅年中，搬了好幾次的家，結果卻始終將一張「紅木書桌」及一張「有鏡台的櫃子」，兩樣老舊傢俱帶著，另外，還有卅年前侍萍的一張照片，也不怕蘩漪的顧忌，放在鏡台上。還有夏天關客廳窗戶的反常習慣，都保留著，卅年不變。主要只爲便於卅年後，侍萍一眼可認出這就是周家。還有下雨天，周樸園家有兩件新雨衣，他不穿，一定要找卅年前舊雨衣來穿，有這樣的人嗎？這未免過份的矯揉造作，不合常情，還有一句台詞；魯媽說：「那櫃子靠右第三個抽屜裡，有沒有一隻小孩穿的繡花虎頭鞋？」有這種驚人記憶力的人，怕不多吧！

㈤蘩漪是周家女主人，第一幕她第一次見了女傭四鳳的母親魯媽，卻尊稱她爲「魯奶奶」，這似乎也不合常理。第四幕，周萍見魯媽，也是四鳳的母親，也叫她「魯奶奶」。蘩漪叫了三次，周萍叫了四次，這是北方人的習慣嗎？還是疏忽弄錯了，除非她是四鳳的祖母，才叫魯奶奶，應該叫「魯媽」或「魯嫂」，才合理。

㈥魯大海是個憤怒，充滿著階級仇恨的年青人，他拿槍在手，連他的父親魯貴都怕他，但在第四幕中，他帶著槍，半夜兩點鐘，爬牆進入周家客廳，見了周萍，因周萍曾當衆打了他兩個耳光，又叫一群傭人打得他頭上流血，再加上周萍又騙了她妹妹四鳳的感情，他劍拔弩張，狠惡地拿了槍，對周萍說：「我要殺了你。你父親雖壞，看著還順眼，你眞是世上最用不著，最沒有勁的東西！」

周萍當時並不反抗：「哦，好，你來吧！」

按說，這時魯大海一定開槍把周萍殺了，誰知，劇中當時沒有別人勸，也無其他的穿插，他自己不但沒開槍，忽然嘆一口氣，反把手槍遞給周萍，說：「你還是拿去吧，這是你們礦上的東西！」

這樣的轉變，似乎太生硬，欠合理了，只是方便後面周萍可以拿這把槍來自殺。

(七)全劇的情節，巧合之處太多，果然「無巧不成書」，但爲了「三一律」所有的戲，都集中在一天內發生，那有這麼湊巧的事，仔細推敲，使人產生「不眞實」之感，完全是劇作者，一廂情願「編」出來的戲，雖然，看戲的時候，會覺得精彩、緊湊、喘不過一口氣來，但事後冷靜一想，就會覺得眞實的社會中，會產生這樣的巧事嗎？易卜生的「群鬼」如此，爲何「雷雨」也要走「佳構劇」的路線呢？這是我的感覺，不知有人同感否。

我想，大概民國廿二年時，「情節劇」、「佳構劇」是當時劇壇流行的風尙！也不能怪曹禺。

總之，我想，曹禺寫這個劇本時，只有廿三歲，他若四、五十歲，人生經驗多一些，再寫這個劇本，一定會寫得更完美合理些，他不可能寫一個五十五歲的董事長，不肯穿新的雨衣，堅持一定要穿卅年前的舊雨衣的。

九、曹禺一生的寫作歷程

剖析了「雷雨」一劇的優缺點後，我想在本文的最後，補述上一段「曹禺」一生的寫作歷程，這些資料，因大陸與臺灣鐵幕深垂，一般人是很少知道的。

曹禺一生，寫的劇作不多，但他成名很早。廿三歲完成「雷雨」，廿四歲出版，廿五歲首次在日本演出，然後才由天津等城市，陸續演出。這一年他廿五歲，又完成了「日出」，廿六歲完成了「原野」。

前後四年，「雷雨」、「日出」、「原野」三劇的推出，打響了曹禺的名號。廿八歲時，民國廿六年七七抗戰爆發，他從天津先至香港、然後轉武漢、長沙，隨「國立戲劇學校」至重慶，出任該校教務主任，時國民政府爲配合「全民抗戰」，號召戲劇界結合藝人大公演，劇名爲「全民總動員」，由曹禺與宋之的二人聯合編劇，並組成龐大的導演團，又號召全國一流演員演出，時任教育部次長的張道藩先生，也在劇中飾演「將軍」一角，曹禺除爲該劇導演之一，並親自參演一角，這齣戲表現愛國青年救國的決心，實際上暗中開始爲「中共」作宣傳，劇中一名「黑字廿八」的特務人員，是一幕後主角，後來中共解放後，乾脆全劇劇名改爲「黑字廿八」，該劇我只讀過劇本，過去因我仰慕曹禺，他編的劇本，我從不放過，後來聽友人說：「廿八」者不就是一「共」字嗎？始恍然大悟，其中另有文章。

抗戰開始，大批劇人都是共產黨員或他的外圍份子，當時一批劇宣隊，由軍委會政治部第三廳主管，廳長是郭沫若，另有共黨主要份子田漢、洪深協助，曹禺在抗戰未爆發以前，並未參加過左派政治活動，但民國廿七年冬，演完「黑字廿八」，周恩來召見他。曹禺曾說：「我這一生在創作道路上，周總理對我的影響很大，那是很關鍵的轉變。」

廿九歲，他配合抗戰，完成了「蛻變」，卅歲完成了「北京人」、卅一歲完成獨幕劇「

正在想」，這些劇本，過去我在大陸，均曾認眞拜讀過，民國卅年，軍委會發現左派份子活動情況越來越嚴重，遂免去了郭沫若、田漢、洪深等人職務，一面加強整頓人事，注意思想上有共黨嫌疑之人員，當時，曹禺已受到監視、搜查，創作受到干擾，原計劃編寫的「三人行」劇本，遂未完成。

卅二歲，他改變寫作路線，改編巴金的長篇小說「家」出版，卅三歲，他翻譯莎士比亞的「羅蜜歐與朱麗葉」。「家」演出後又轟動，「羅蜜歐與朱麗葉」之譯筆流暢悠美，此二劇，我也都仔細看過，尤其是莎士比亞在「羅」劇的愛情對白，我記得當時，還做了札記，將之抄錄下來反覆吟誦。

民國卅四年二月，抗戰尚未勝利，郭沫若等共黨份子，聯名發起「國共合作、改革政治、實行民主」。一些文化界人士，紛紛響應，曹禺隨同去一鋼鐵工廠，體驗勞工生活，計劃寫一「橋」的劇本，可見他已完全聽命於中共，但這一年九月，抗戰意外地勝利，提前結束，「橋」劇並未完成。

勝利以後，他先與「老舍」，同赴美講學，後卅七歲返國，完成了電影劇本「艷陽天」，由石揮主演，在上海放映，我曾去看過，極佳，他眞是一個才氣橫溢的劇作家。

民國卅九年，大陸淪陷，我已到了臺灣。

這一年，曹禺的政治身份，正式公開了，當選了「中共全國文聯委員」，「文協（作協）委員」、「劇協常委」、「及影協委員」，並出席「中國人民政治協商會議」，負責對外文化工作，同時亦是新成立的中共「中央戲劇學院」的副院長。

從此，他輝煌的創作生涯，開始結束，走上處處受共黨思想箝制統治的坎坷路程。

民國卅九年，曹禺四十歲，被派入工廠，體驗工人生活，參加江蘇治淮工程，安徽土改運動，及文藝整風、思想改造運動。

四十一歲，奉命對「雷雨」、「日出」二劇，進行修改。「雷雨」之主題，中共要求不再是「暴露大家庭的罪惡，毀謗封建專制家庭的腐朽」，而要改爲「揭露資產階級的罪惡歷史」，並「表現勞動人民之悲劇遭遇與反抗要求。」

曹禺開始痛苦掙扎，不得不修。不久，升任北京「人民藝術劇院」院長。後來，大概曹禺經過與周恩來的一番懇切談話，同意編寫一個知識份子接受共黨思想改造爲題材的劇本，經過一年多以後，「雷雨」與「日出」，始准恢復原來面目出版，「雷雨」有兩種不同的版本，臺灣的讀者，是不會知道的。

四十六歲，附合周恩來的指示，曹禺完成了中國解放以後，第一本劇本：「明朗的天」，出版後一年，該劇又由四幕改成三幕。

這個戲的主題是：「知識份子必須在共黨的教育下進行思想改造」。顯然曹禺的寫作態度與年青時是不一樣了，過去「雷雨」、「日出」、「原野」一年完成一本，如今這本「明朗的天」，從四十二歲開始動筆，到四十七歲才完成。事後他自己說：「明朗的天」對他是個棘手的問題，因爲自己就是一個正在接受共黨思想改造的知識份子，使他不自覺地要與過去的創作，劃清界線。周恩來也說：「過去和曹禺同志在重慶談問題的時候，他拘束少，現在好像拘束多了。生怕這個錯，那個錯，沒有主見，沒有把握。」曹禺這時已失卻了文人藝術創作的獨立性格，眞是悲哀。

五十歲，曹禺爲配合共黨經濟危機，奉命先去勞動改造，再與梅阡，于是之三人合作編寫歷史劇「劍膽篇」，即勾踐復國的故事，五十一歲，又應政治要求，去內蒙古參觀訪問，寫歷史劇「王昭君」，這也是曹禺一生完成的最後一本劇本。

曹禺寫這劇本中間，中斷了十六年，到他六十九歲時才完成。曹禺說：那是一九六〇年以前的事，周總理指示我們不要「大漢族主義」，不要妄自尊大，這是從蒙漢聯姻的問題談起的，提倡漢族婦女要嫁給少數民族。」

五十歲開始動筆後，完成了兩幕，誰知情況突變，歷史劇爲怕有「藉古諷今」，成爲禁寫的題材，曹禺不得不因此擱筆。五十六歲到六十六歲，曹禺可能因「文化大革命」，被打成「反動文人」、「黑線人物」禁止他寫作，一直到他六十八歲，才被宣布撤銷對曹禺動亂期間「犯走資派錯誤」的決定，然後他才能再赴新疆，去完成「王昭君」這個劇本。

我在臺灣沒有看過「明朗的天」與「劍膽篇」，但由美國友人幫忙，看到了曹禺最後寫的這本「王昭君」劇本。

曹禺在劇本後面談該劇的創作經過說：「寫歷史劇，要忠於歷史事實，忠於歷史唯物主義，同時還要有「劇」，如果沒有戲劇性，別人就會打瞌睡，這個「劇」字就難了。」

可見，在共黨統治下的劇作家，眞是難了，處處要顧到「歷史唯物主義」。

曹禺寫的「王昭君」，與他人寫的確是不一樣。過去演的「昭君怨」、「昭君和番」，王昭君都是哭哭啼啼，離別父母、家鄉，遠嫁到冰天雪地的番邦，而曹禺的「王昭君」，爲了配合周恩來的「大漢族主義」，她是一深明大義的女人，高高興興的去遠嫁番邦的單于，一滴眼淚也沒有，爲了配合政治，你覺得曹禺這齣戲，寫得非常成功嗎？

七十歲以後，曹禺未再有創作，直至八十六歲去世。

十、後語

我年輕時，就很傾心於曹禺的劇本，那時候，他刊登在一個雜誌上的獨幕劇「正在想」，我都仔細研究他的台詞。

廿一歲前後，常與一些愛好戲劇的同學朋友，討論曹禺劇本中的一些台詞，如：「日出」中的「太陽出來了，可是我們要睡了。」「日出」中的「小東西」，在台上上吊自殺的戲，「原野」中白傻子的戲，到了臺灣以後，遇見一位過去曾演過白傻子的張琰，與之談起「原野」中焦大媽、仇虎、金子的種種，迄今仍回味無窮。

有一年，遇見一位影迷，談起曹禺編導的電影「艷陽天」，劇中的「陰魂不散」，那一場陰律師家中被流氓破壞零亂不堪的情景，互讚曹禺的才氣，眞是無人能比，爲什麼他不多編導幾部電影呢！

爲了寫這篇文章，我從八十七年春，一開始就先蒐集資料，然而確定大綱，想不到最後，我超出了談「雷雨」的基本範圍，竟然把他寫「王昭君」的事，也寫了出來。

曹禺死了，他的作品永遠留了下來，歷史自會有公正的論定。

從「雷雨」開始到「王昭君」的結束，我深感生活在自由天地的作家，我們眞是有福氣的文人，能享有充分的寫作自由。

本文八十七年從四月完成初稿，及後三度修正及補充，至九月開始定稿，如今中廣公司要我改編「雷雨」爲廣播劇，我又再仔細的修正了一次，希望我的寫法，能獲得喜歡「雷雨」一劇朋友的認同。「雷雨」中的一些缺點，我在改編成「廣播劇」時，已一一作了修正。

民國八十七年四月初稿，三度修正

民國八十八年元月定稿

本文寫作參考書目

曹禺：「雷雨」劇本、「王昭君」劇本、「雷雨」再版序文

王興平、劉思久、陸文壁：曹禺傳略

王興平：曹禺著作系年

田本湘：曹禺傳略

世界文學名著欣賞大典㈠尤里皮底斯：「希波立杜斯」
世界文學名著欣賞大典㈡拉辛：「斐德拉」
世界文學名著欣賞大典㈤易卜生：「群鬼」
劉紹銘：「雷雨」所受西方文學的影響
賈亦棣：細說曹禺的雷雨
吳若、賈亦棣：中國話劇史
趙惠平：曹禺戲劇欣賞
陳紀瀅：我對「曹禺論」的看法

雷雨（第一集）

原著：曹　禺
編劇：姜龍昭

時：民國廿二年

地：大陸北方某一城市

人：**周樸園**：某煤礦公司董事長，五十五歲　（周）

周蘩漪：其妻，卅五歲　（太）

周　萍：其前妻生子，廿八歲　（萍）

周　冲：蘩漪生子，十七歲　（冲）

魯　貴：周宅僕人，四十八歲　（貴）

魯侍萍：其妻，某校女傭，四十七歲　（魯）

魯大海：侍萍前夫之子，煤礦工人，年廿七歲　（大）

魯四鳳：魯貴之女，年十八歲　（四）

（雷雨交加聲，音樂起，劇名，演職員報幕）

報幕：各位聽眾，「雷雨」這齣舞台劇，是劇作家曹禺先生的成名作，民國廿四年出版以後，大江南北全國各地均曾熱烈演出過，六十多年來，受到廣大觀衆熱烈的歡迎與轟動，自從政府開放以後，八十一年台北的「國家劇院」，亦曾隆重公演過，今將之改編爲「廣播劇」，在空中與大家見面，希望你能細細品味欣賞。原劇的故事，前後歷時卅年，爲了適合舞台劇「三一律」的規格，原作者壓縮在一天廿四小時內推展劇情，若干地方不免過於巧合，改編爲廣播劇時，作了部份修正，力求更合乎情理，盼望熟悉此劇的朋友，能予諒解。這個故事距離現在已經六十餘年了，那個時代父權有至高無上的權威，祈求不要以現代社會的眼光，來加以論斷。

（音樂）

周：萍兒，……你是我的長子，已經快卅歲的人了，應該懂得自律自愛，你還記得，你的名字，爲什麼叫萍嗎？

萍：爸，我記得，那是因爲我母親叫「侍萍」，她臨死的時候，自己替我起的名字。

周：你還記得很好，我現在是一家煤礦公司的董事長，是有社會地位的人，我要求我的家庭，是最圓滿、最有秩序的家庭，我早年留學德國，我教育出來的孩子，我絕不願被人在背後說一點閒話，……丟我的臉……你知道嗎？……

萍：爸，我知道。

周：你說你要離開家，……到礦上去工作？……那你這邊公司的事，交代清楚了嗎？

萍：差不多了，……我想變換一下環境，一切重新開始！

周：其實，這兩年，你在家裡，也太舒服了，是該去礦上吃點苦，磨練磨練！打算什麼時候動身？

萍：就在這一、兩天吧！

周：好了，沒事，你去忙吧！

萍：是，爸。……冲弟，……你怎麼來了？……

冲：哥，……我有事，……要和爸商量！（萍腳步聲遠去後）爸！……

周：冲兒，走路不要猛猛撞撞的，……你已經十七歲了，不是小孩子了。

冲：爸，我有一件很重要的事，想要和爸商量。

周：什麼很重要的事，你說呀！

冲：我想，把我的學費的一部份，分出來。

周：做什麼用呢？

冲：幫助一個沒有讀過書的人，……讓她也能有機會讀書！

周：你倒很有同情心的，是誰啊？……你學校的同學嗎？

冲：爸，你也認識的，……就是在你身邊侍候你的四鳳啊。……

周：四鳳？……是下人魯貴的女兒，……（斷然）不，……那……會引起旁人閒話的，……你忘了……你是「少爺」，……你去同情關心「下人」做什麼？……

冲：爸，……我……很喜歡她，……讓她接受教育不好嗎？……

周：（正色地）你先自己把書讀好就行了，……別管這些閒事，……

（腳步聲）

貴：老爺，……你請的那位蔡先生來了。

周：哦，魯貴，……我知道了。……讓他在會客室等一下好了。……魯貴，……這幾天，礦上有些工人，在鬧罷工，……你知道嗎？……那個帶頭鬧的最兇的工人，……就是你的那個寶貝兒子，叫什麼魯大海的，……對不對？……他做那些工人的代表，……來和我談條件！……我……一氣之下，……已經把他開除了！

貴：這個不成材的兔崽子，……怎麼可以這樣目無法紀？……太不像話了。

周：魯貴，……兩年前，我是看在他是你兒子的份上，才讓他去礦上做工的！……想不到，……他竟然領了頭鬧事，……眞不識好歹！……讓我火大！

貴：老爺，……別生氣，……那個混球，不是我親生的兒子，是他媽嫁給我時，帶來的拖油瓶，……等我見到他，……非狠狠揍打一頓不可。

周：（氣極）現在的年青人，……太不知天高地厚了，……居然鬧「罷工！」……氣死我了！……（咳嗽著腳步聲走去）

（音樂）

大：四鳳，……

四：哥，……你不在礦上幹活，到這兒來幹什麼？

大：我來找董事長，談一些事情，……他在家嗎？

四：你來找老爺，……他有客人在談話！……

貴：（突然出現）大海，……你這混球，在礦上鬧罷工，……讓老爺開除了，……還有臉來見我，……是要我給老爺去求情，……好讓你回去，是不是？

大：我才不來找你求情，我是礦上工人的代表，……我來找董事長，……有些事情要和他說清楚，是礦上的警察先向工人開了槍，工人才動手打起來的！……

貴：怎麼？你還想到這兒周公館來鬧！……快走，……老爺才不會來見你。……

大：我非見到他不可！……

（遠處有人叫：「魯貴，魯貴……」）

四：爸，……說不定是太太在叫你，……你快去吧！……

貴：哼，……我眞窩囊，怎麼會有你這倒霉蛋的兒子！（說完離去）

四：哥，……你說話小聲一點，……要不他們會把你趕出去的！

大：四鳳，……媽，……也快從濟南回家來了，我看你把周家的差事辭了，……還是回家去的好！

四：爲什麼？

大：這不是你住的地方！……周家的人，多半不是好東西，這兩年，我在礦上，看他們虐待工人的事，……我恨他們！

四：你看見什麼了？

大：你別以爲他們家有錢有勢，……住這麼陰沉沉的大洋房，都是礦上挖煤不幸埋死的工人，用「命」換來的！

四：你別胡說，……這屋子，聽說直鬧「鬼」呢！

大：哼，董事長欺侮窮人，發了財，……不會有好下場的！……

冲：（在屋外叫）四鳳，……四鳳，……

四：啊，二少爺在叫我！……他看見你不太好，……你還是先去下房等一等吧，……等老爺客人走了，我來叫你。

大：也好，……那……我走了。

（腳步聲走近）

貴：四鳳，你過來，我跟你商量點事！

四：又是找我要錢，是不？

貴：你聽我說，昨兒不是老爺生日麼？大少爺他也賞給我四塊錢！

四：大少爺對你不錯啊！

貴：可是四塊錢，還不夠我還帳的，……我乾脆去耍了兩把，也許贏了錢，可以把那些賭債全還清了，誰知手氣不順，反倒又欠了十來塊，剛才，那些討債的，跟我要帳，當著上上下下的人，我若拿不出廿塊錢，……簡直圓不下這個臉！

四：老是找我要錢！……唔，這些錢，……（銀元、角子叮噹響聲）是我預備給媽買衣服的，……你先拿去用吧！

貴：（數了一下銀元聲）總共只十二塊柒毛！……

四：我現錢就這麼多！……全給你了，……等媽來了，……再想法子吧！我得給太太煮藥去了！……

貴：四鳳，……別忙走，我跟你說，太太這兩天，對妳的神色不太對，妳得留神小心點！

四：太太對我的神色不太對？是嗎？

貴：我跟你說，老爺比太太的歲數，相差了廿歲，大少爺不是這位太太生的，大少爺的年紀只比太太小七歲！……

四：這我知道。

貴：太太疼大少爺，比疼她自已生的二少爺還熱、還好，……這不很奇怪嗎？

四：當後娘，只好這樣，不然旁人會說閒話！……

貴：孩子，你知道這屋子爲什麼晚上沒人來？大家都說：「半夜裡鬧鬼！」

四：我聽說從前這屋子裡，半夜常聽見有女人嘆氣的聲音，還有哭聲，……大家說，這屋子陰森森的死過人，有屈死鬼！

貴：你說的不錯，……那時，你還沒有來，……有一天晚上，……我可親眼看見了兩個鬼，……一個男鬼，……一個女鬼，……就在這客廳裡！……

四：爸，是眞的嗎？……

貴：爸騙你做什麼？那時候，老爺常在礦上，這麼大的房子，只有太太、二少爺、大少爺住。二少爺那時才十五歲，膽小怕鬼，要我在他房門口睡。有一天半夜裡，二少爺把我叫醒了，說客廳有鬼在說話，……要我去看個究竟，……我喝了兩口燒酒，壯著膽，穿過荷花池，鑽到這門外的走廊旁邊，果然聽見這屋子裡啾啾地，有一個女鬼在哭，……哭得很慘，……我當時怕得直發毛，……越怕，越想看，就硬著頭皮，從窗縫裡向裡面一望。

四：（喘氣，緊張）爸，……你瞧見了什麼？

貴：屋子裡，點著一根要滅不滅的蠟燭，暗暗黑黑的，我看見兩穿黑衣裳的鬼並排坐，一男一女，背朝著我，……女的靠著男鬼的身邊在哭，……那個男鬼低著頭，不說話，……直嘆氣。……

四：這屋子眞的有鬼！……

貴：我乘著酒勁兒，想看個清楚，故意朝著窗縫，咳嗽了一聲。……這兩個鬼，颼的一下子分開了，都回頭向窗縫這邊望，……他倆的臉正對著我，……我可眞見了「鬼」了！

四：他們是什麼樣子的？……爸，……你快說呀！……

貴：那個女鬼，……你知道，……是誰嗎？……

四：誰？……

貴：（神秘低聲地）就是我們的太太。

四：太太，（訝異地）……那……那個男鬼呢？

貴：男鬼呀，……你別怕，……就是……那天晚上送你回家來的大少爺！

四：是他，……我不信，你一定看錯了人！……

貴：孩子，爸沒看錯！……就是他，……同他的後娘，在這屋子裡「鬧鬼」呢！

四：不，……不對，……我不信！……

貴：好，信不信由你，……不過，……最近，太太對你的神色不太對，……你總感覺得出來吧！……這可不是個好預兆啊！……

（音樂）

（腳步下樓聲，夾雜咳嗽聲）

四：太太，……怎麼，您下樓來啦？我正準備給你送藥去呢！老爺說太太的病很重，最好在樓上躺著休息。

太：四鳳，老躺著太悶了，我想走動走動。老爺那一天從礦上回來的？

四：前天晚上，老爺，見你有點發燒，叫我們別驚醒您，就一個人在樓下睡的。

太：白天，我像是沒有見老爺上樓來啊？

四：這兩天，礦上的工人在鬧罷工，老爺忙著找董事們開會，到晚上才上樓看您，……可是您把門鎖上了。

太：哦，……怎麼樓下，也這樣悶熱？

四：是，很悶熱，……天上都烏雲遮滿了，也許今兒個會下一場大雷雨吶！
太：這兩天，怎麼沒看見大少爺？
四：大概是忙吧！
太：聽說，他也要到礦上去做事麼？
四：我不知道。
太：他昨天晚上，什麼時候回來的？
四：太太，我每天晚上是回家睡覺的，我不知道，大少爺什麼時候回來的！……不過，我聽我爸說，總是很晚才回家來，喝得醉醺醺的，害我爸下半夜等他回來開了門，才敢睡覺！
太：他經常在外面喝酒？
四：我不清楚。……太太，您吃藥吧！
太：誰說我要吃藥？……
四：老爺吩咐的。
太：我並沒有看醫生，哪裡來的藥？
四：老爺說，您犯的是肝鬱，他找出您從前吃的老方子，就叫人抓一付，等太太醒了，就跟您煎上。
太：煎好了嗎？
四：煎好了，太太，您趁熱喝了吧！

太：（喝了一口聲）好苦的藥，……我不想喝，……你把它倒了吧！

四：倒了它？……老爺……會不高興的！

太：好吧，……你先把它放在那兒。……不……，你還是倒了它。……這些年，我喝這種苦藥，……眞是喝夠了！……

四：太太，……您忍一忍，喝了吧！……苦藥，能夠治好病呀！

太：（生氣的口吻）誰要你……來勸我！……倒了它！……聽見沒有？

四：是，太太。……（藥倒入痰盂聲）

太：冲兒，你的臉，怎麼這樣紅？

冲：（腳步聲）我跟同學才打完網球！……

太：四鳳，……去給二少爺拿一瓶汽水來。

四：是，太太。……（走出聲）

冲：媽，這兩天我去樓上看你，你總把門關上，……我看你不像有病的樣子，怎麼，爸總說你有病呢？

太：媽……心裡不舒服，……只是想清靜，所以把門關上，……冲兒，你不小了，……已經十七歲了，你看媽是不是老了？……

冲：媽不老，……倒是父親老了，……他老是躭在礦上，不在家陪陪你，……所以，媽不快活，……老是一個人，關在屋子裡，對不對？

四：二少爺，……汽水拿來了。……

沖：四鳳，謝謝你。（咕咕喝了幾口汽水聲）

太：沖兒，……你對四鳳，……爲什麼這樣客氣？

沖：這屋子，窗戶又不開，難怪，……感到悶熱！讓我把窗戶打開！

四：二少爺，老爺吩咐窗戶不可開的！

太：四鳳，……不管他，把窗子打開，……他到礦上，一去兩年都不回家，……這屋子死氣沉沉，……他是一點兒也不知道的！

（開窗子聲，強調窗子已很久未開了，沖用力才將之打開聲）

太：四鳳，……這兒沒你的事了，下去吧！

（腳步聲，關門聲）

沖：媽，……我告訴你一件事！……我現在，……喜歡一個人。……一個很……令我傾心的女孩子，……

太：哦！……那個女孩子是誰？……你說啊！

沖：我說了，……媽可不許笑話我！

太：好，媽不笑話你。

沖：我對她眞是滿意極了，她心地單純、快樂的生活，做事又勤快、又細心，不像那些養尊處優的千金小姐！……

太：她唸過書嗎？

冲：沒有。……這是她唯一的缺點，然而這不能怪她！

太：冲兒，……我知道了，……告訴媽，……是不是四鳳？

冲：媽，……你一猜，就猜著了。……是的，……就是他，……你以爲我做錯了嗎？……

太：孩子，錯不在你，……她是個沒受過教育的下等人，……你喜歡她，你父親是不會同意的！

冲：可是，……我希望媽能支持我，……媽，……昨天，我已經跟她求婚了！

太：（驚愕）什麼？你跟她求婚！……（突然好笑）哈……哈……

冲：不，媽，你不要笑，……她沒答應，她拒絕了我的求婚！——可是，這樣，我覺得她更高貴了，……她說，她不願意嫁給我！

太：哦，……她「拒絕」嫁給你！……（悟）哼，我明白了。

冲：她說，……她心裡已經另外有一個人了。

太：是誰？……她有沒有告訴你？

冲：我沒問！……只是眞的愛情，免不了有波折，……我想慢慢地，……她會接受我的眞情，……喜歡我的！……

太：冲兒，……你眞還是個孩子，……這件事，……你父親說什麼也不會同意的，……他的一句話，……就可以把你的美夢，打碎了！……

沖：我會向爸力爭的！………

（音樂）

貴：四鳳，……你聽著，我再跟你說一遍，你媽搭的那班火車已經到了，你回家去見了你媽，別忘了，這兩年，你在周公館買的新衣服，都拿出來給她瞧瞧，叫她想一想，究竟是你爸爸混事有眼力，還是她有眼力。

四：（輕蔑地笑）自然，是爸有眼力啊！

貴：你別忘了告訴你媽，你在這兒周公館，吃的好、喝的好。白天在這公館侍候太太、少爺，晚上還是聽她的囑咐，回自己家睡覺。

四：那不用我說，媽自然會問的。

貴：還有，這兩年你辛苦存的錢，也給她瞧瞧，叫她也開開眼！要是你沒有爸爸成嗎？你要不到周公館來幫傭，這兩年，你聽你媽的，那每天只能喝西北風！

四：媽是個要面子的，唸過書捨不得把自己的女兒，叫人家使喚！

貴：什麼要面子不要面子的，……你媽那一套，是窮骨頭的命，她要臉，跑他媽八百里外的濟南女學堂裡去當老媽，爲著一個月八塊大洋，兩年才回一趟家，……這不叫本分，還唸過書，簡直是沒出息！

四：爸，你少說兩句，這兒是周公館，不是你自己的家！………

貴：周公館也管不了我跟女兒談家務呀！我跟你說，我娶你媽，還抱老大的委曲呢！你看我這機靈人，這周家上上下下幾十口子，那一個不說我魯貴刮刮叫，……在這兒不到兩個月，女兒就在這公館找上差事，還有你那位哥哥，要不是有我，他能在周家的礦上當工人麼？想不到你那倒霉蛋的哥哥，在礦上鬧事，已讓老爺給開除了，眞是不爭氣啊！……還得我向老爺去求情！……咦，……這會兒，他到那兒去了？

四：爸，……我得回家去了，……我已向太太告了假，……巴不得我回家，媽已經在家裡，等著我了。

貴：好，那你回去吧，……對了，別忘了告訴你媽，……說這兒的太太，要見見她，……要她空了，……就來公館見她！太太有事要和她談一談。

四：奇怪，太太又不認識我媽，爲什麼要請媽來談一談呢？

貴：這葫蘆裡裝的什麼藥，……我也不知道，……你自己去猜吧，……別磨蹭了，快回家去吧！

（音樂劃過）

四：（開門聲）媽，……（高興的）您已經先到家啦？……坐了很久的火車，你累了吧！

魯：鳳兒，……你先坐下，……讓媽好好的看看你，……兩年不見，……你長高了，……眞是個大姑娘了，……媽看見你，……就是累，也不感覺累了。……

四：媽，你渴不渴？要不要我給你倒杯水喝。（倒水聲）

魯：鳳兒，……你別忙，……這些日子，……你過得還好嗎？

四：好，……很好，……媽，……你看，儘忙著和我說話，頭上包的白包頭布，還沒空拿下來，……讓我來替你解開吧！

魯：鳳兒，你看我臉髒不髒？火車上儘是土，我的頭髮，怕也吹散了。……

四：媽，不髒，頭髮也沒吹散，兩年沒見媽，您還是那個樣！

魯：鳳兒，光顧著說話，我忘了把你喜歡的東西拿出來了！……等我把包袱打開，（解包袱聲）……這樣東西，你一定喜歡的。

四：媽，您先別給我看，讓我猜猜！

魯：好，……你猜吧！

四：小泥娃娃？

魯：不對，你不再是小孩子了。

四：小粉撲子。

魯：不，不對，……你還用不著搽粉。

四：哦，那一定是針線盒。

魯：（笑）差不多！

四：那我打開，（開盒子聲）哦！……是銀頂針，……太好了，……上面還鑲著寶石哪？

魯：這是學校校長的太太送給我的。因爲校長丟了個錢包，叫我拾著了，還給校長，他太太就非要送給我東西，拿出一大堆小首飾叫我挑了送給我女兒，我就選了這個寶石頂針，送給你喜不喜歡?

四:媽,……我好喜歡,你挑得眞好。……

魯:你喜歡,媽就高興了!

四:媽,您不怪我這次沒聽您的話,跑到周公館來做事吧!

魯:不怪你,既然做了,就做了,不過你也不寫信先告訴我一下,我下了火車回到家,才聽見張大媽說,我女兒在周公館做事。

四:媽,我是怕你生氣,所以不敢告訴你,其實媽,我們又不是什麼有錢人家,像我這樣幫人,我想也不丟臉呀!……媽,……這是我兩年來瞞著爸存的私房錢,……一共六十塊,……是女兒孝敬您的!

魯:鳳兒,你是怕媽窮,人家會笑我們是不是?孩子,媽最知道認命,最看得開,媽只躭心,你還年青,聽說周家有兩個少爺,都還沒有結婚,怕你糊塗受騙上當!……知道嗎?……一失足會成千古恨的!……

四:媽,……我爸爸說,要我告訴你,回到家就要你去公館,和太太見個面,她說有事要和你談一談。

魯:周太太,……要見我?……奇怪,……我又不認識她,……她要見我幹什麼?……

四:是呀!……我也很奇怪,……也許太太沒有什麼朋友,……她想找你隨便去聊聊天!

魯:一定有事,……那我收拾一下,……現在就跟你回周公館去!……

四：媽，不急著去嘛！

魯：早去晚去，不都一樣嗎！……媽是急性子，……先去見了也好。

（音樂）

冲：媽，昨天我見著哥哥，他說他這次要到礦上去做事了，明天就走，他說他太忙，不想上樓來見您，您不會怪他吧，他特地叫我告訴您一聲！

太：爲什麼？他不自己來跟我說！……我能不怪他嗎？……

冲：媽，我覺得，您和萍哥有些隔閡，不像以前那樣似的！……媽，萍哥自幼就沒有母親，性情自然會有點古怪，……其實，……他是一個很有感情的人！

太：冲兒，你父親這幾天在家，你最好少提你哥哥的母親，免得你父親又扳起臉來，叫一家人都不高興。

冲：媽，……這一陣子我看萍哥，眞有點怪，他經常去跳舞場鬼混，有時去酒店喝很多的酒，脾氣暴燥，拿一些下人出氣，……有時還到外國教堂去，不知幹什麼！

太：他去教堂懺悔？……

冲：上個星期，他喝醉了，拉著我的手跟我說，他恨自己，說了許多，我不大明白的話，……顛三倒四，……他可能神經有些錯亂了！

太：是嗎？

冲：最後，他忽然對我說，他從前愛過一個絕不應該愛的女人！

太：從前？……多久的從前？

冲：說完就大哭，我問他那個不該愛的女人是誰！……他不肯說，我逼著他說，他就把我趕出屋子！

太：這以後，……他還說了些什麼話？

冲：沒有，我看他痛苦的樣子，我眞替他難過，他已經廿八歲了，爲什麼到現在，他還不結婚呢？……

太：誰知道呢？

冲：我想他一定太寂寞了！……（門外有腳步聲）咦，……萍哥，他回來了！……哥哥！……
……

萍：冲弟，……你沒出去？……（看見太）哦，……您也下樓來了！

太：我才下樓，……萍，……你在那兒回來？……

萍：我回來，……是找爸談些事的！明天，……我就到礦上去了。冲弟，爸沒有出去吧？

冲：他有客人在談公事，……客人走了，他會到這客廳來。……我在這兒等他！……

萍：那我先回房去寫封信。

冲：哥，你別忙走，母親說好久沒看見你，你不願意坐下來，和母親談談嗎？這一陣子，你很少在家，和母親談話了！……你不知道母親病了嗎？

太：你哥哥，怎麼會把我的病，放在心上。

萍：對不起，……我不知道你病了，……好一些了嗎？………

太：謝謝你的關心，聽說明天你就到礦上去，不再住在家裡了。……什麼時候，才回家來呢？

萍：不一定，也許兩年，也許三年，………

太：你到礦上，去做什麼呢？

冲：媽，你忘了，哥哥是專門學礦科的。

太：這不是重要的理由吧！

萍：我是因爲在家裡住得太久了，想變換一下環境！

太：（笑著說）我怕你是膽小吧！……你怕鬼，這屋子曾經鬧過鬼，你忘了？

萍：沒有忘，……但是這兒，我住厭了。

太：（笑）假若我是你，我也會厭惡周圍的人，離開這死地方的！

冲：媽，我不要你這樣說話。………

萍：我恨我自己！……冲弟，我回房寫信去了！………

（腳步聲離去）

（音樂）

（腳步聲，二人相遇，停步）

萍：鳳，……別走，………

四：大少爺，……你叫我？

萍：（四下張望一下）後面沒有人，你到我房裡去，我有話要和你說。………

四：老爺，在客廳有客人，……要我去侍候呢！………

萍：別管這些，……你跟我來，……（腳步聲，關房門聲）

四：（嘆一口氣）唉，跟你在一起，總是這樣偷偷摸摸的。

萍：所以，我才要離開這個家！

四：我看太太怪可憐的，她好像很怕老爺，還有你，……也怕老爺。……現在，……我也害怕老爺！………

萍：你有什麼好怕的！

四：我……是怕，……萬一老爺知道我們的事，……他一定會發脾氣的，萍，你說過，要把我們的事情，告訴老爺的，……你告訴他了嗎？

萍：遲早，……我會告訴他的，……四鳳，關於我，……你沒有聽見什麼閒話？………

四：什麼閒話？………（停了一下）沒有呀！……你在說什麼呀？

萍：（掩飾）沒什麼。………

四：（眞摯的）萍，我相信你對我是眞心的，永遠不會騙我，……這我就夠了，……人家說，你明天眞的就要到礦上去，離開這兒了！

萍：是的，我不早已經告訴你了嗎？

四：你……帶我一起去，好不好？

萍：眼前，……我不想帶你去，……過些日子，等我在礦上安頓好了以後，你再去。

四：太太，……找我媽來，要和她談話，……我擔心，……也許太太知道了你和我的事，……會把我辭退！……

萍：會嗎？……不會的！……你在瞎猜！

四：萍，……你答應要帶我去的，……可不准賴啊！……我會好好的侍候你，……你要這麼一個人，跟你縫衣服、燒飯做菜，我都會做，只要你讓我跟你在一塊兒。

萍：鳳，……我確實需要你。……可是現在，……怎麼能帶你出去？……你這說的，……不是孩子話嗎？

四：你帶我走，我不連累你。……要是外面有人因為我，說你的壞話，我立刻就走。你——你不要怕！

萍：鳳，你以為我這麼自私自利麼？你不應該這麼想我！……哼，我怕，我怕什麼？這些年，我做了不少不應該做的事，……我的心，都已經死了，……我恨極了我自己。現在，我因為有了你，心剛剛才有點生氣，……我能放開膽子，喜歡一個女人，我反而怕人家罵？哼，讓大家說吧，周家大少爺看上他家裡的女傭人，怕什麼，我眞心喜歡她！

四：（安慰地）萍，不要難過，……你做了什麼事？只要是眞心，我不怨你的。

萍：……你……又在想什麼？

四：我想，……你明天走了以後，我怎麼樣？……

萍：你等著我呀！

四：（苦笑）可是，……你忘了一個人。

萍：誰？

四：他總不肯放過我？

萍：誰？你說呀！

四：就是你弟弟，……他直接向我求婚，問我肯不肯嫁給她？

萍：你怎麼說呢？

四：我先沒有說什麼！後來，他逼著追問，我……就只好告訴他實話。

萍：實話？

四：我沒有說旁的，……我只提，我已經許了人家。

萍：他沒有問旁的？

四：沒有。他倒說，他要想法子，供給我去上學。

萍：上學？（笑了起來）他眞呆氣！……可是，你聽他這樣說，心裡一定很喜歡，是不是？

四：萍，你知道我不喜歡他，我只願意陪著你。

萍：可是，我已廿八歲了，你才十八，……我也不比他將來有希望，況且，……我還犯過不少錯！

四：萍，……不要同我瞎扯，我現在心裡很亂，你得想出法子，……他眞是個孩子，我老是萍：我沒有叫你不跟他說。裝腔敷衍他，我實在不喜歡，你又不許我跟他說明白。

四：可是，每次你見我跟他在一塊兒，……你的神氣就不快活！

萍：我的神氣不快活，……是自然的流露。……你想，我看見自己最喜歡的女人，時常跟別的男人在一塊兒，那怕他是我弟弟，我也不情願的。

四：萍，你別胡扯了，你現在到底對我怎麼樣？你要跟我說明白。

萍：我對你怎麼樣？要我說出來？……那麼，你要我怎麼說呢？

四：萍，你別這樣待我好不好？你明明知道，我早已是你的人了，……你還這樣，……欺負人。……

萍：天哪，……我怎麼會欺負你吶！

四：我父親只會跟我要錢，……我哥哥瞧不起我，說我沒志氣，我母親如果知道了我倆的這件事，……她，……一定恨我。哦，萍，沒有你就沒有我。我父親、我哥哥、我母親，她們也許有一天會不理我，你……不能不理我的！……（說著傷心的哭泣起來）……

萍：四鳳，你別哭，……讓我好好的想一想！

四：我媽最疼我，他不願我在公館裡做事，我怕她萬一看出我的謊話，知道我在這裡做事，同你做了那件事，……那我……就眞傷了我媽的心了，……如果……（大哭），……你又不是眞心對我……

萍：鳳，不要疑心我，……我告訴你，……今晚……我預備到你家去！因爲明天一早，我早車就走了。

四：萍，你眞不預備帶我走嗎？

萍：我一定要一個人先走，過些日子，再跟父親說明白，把你接出來。……

四：今晚，你幾點到我家來。……

萍：十一點，行不行？

四：好，十一點。不過，……你見我窗上亮著紅燈，你才來，沒亮紅燈，你可千萬別來喲！

……

萍：好，……我知道了，……你……快去侍候我父親吧！

（音樂）

周：蘩漪，……（驚喜地）你下樓來了？……你的病全好了嗎？

太：我沒什麼病，……只是心裡不舒服，懶得下樓，……誰知道兩個星期沒下樓，客廳裡的佈置全不一樣了。

周：我決定把這老房子賣給教堂做醫院，……所以把這兒的一些你喜歡的傢俱，都搬到新房子去了。……

太：難怪，這些你喜歡的紅木書桌，還有這有鏡台的櫃子，全都又搬來了，……

周：咦，……這屋子的窗子，我規定不准打開的。……怎麼打開了？……

太：是剛才沖兒打球回來，太熱了，把它打開的！……我把它關上就是了。（關窗子聲）

周：沖兒眞不像話，……居然跟我說要把他的學費，分一半給四鳳，給她也去受教育，……你說，……這不是鬧笑話給大家看嗎？……這孩子太不懂事了！……四鳳是下人的女兒，……怎麼可以隨便喜歡上她呢！……

太：沖兒還向四鳳求婚，要她嫁給他呢！……

周：（反而大笑）哈……哈，……他不怕被人笑掉大牙，……

太：可是四鳳她拒絕了，……讓沖兒碰了個釘子！……不過，……沖兒，還不肯死了這條心！……

周：沖兒，他人呢？……我非好好的教訓他一頓不可。……

太：孩子們的事，你就別費心了，……我會來阻止他的，……樸園，我看你也瘦了，年紀大了，還是別太勞累！……我聽說，礦上的工人，也不好對付，……這些天鬧罷工，……鬧得很厲害，是不是？

周：幸好我採取斷然措施，把幾個帶頭的工人開除了，……現在風波平息了，今兒他們打電話來說，已經復工了，……問題解決了。倒是你的身體要當心，對了，我給你找了一個專門治你這種病的德國大夫，……一會兒，他會來給你好好的檢查一下，……你要配合合作，……別鬧意氣，……行不行？……

太：我，……只是心情不好，沒什麼病，有時有些頭痛，容易感冒而已！

周：不，我看你精神也有點失常，……睡覺把門鎖上幹什麼？……又說，這屋子鬧鬼，……

這屋子沒死過人，怎麼會有鬼呢？……我看你病不輕，……

冲：（腳步聲）爸，……媽……原本就好好的，沒有什麼病啊！

周：你知道什麼？我不在家的時候，你常來問母親的病嗎？……

冲：爸，……客人走了嗎？

周：走了！……

冲：我有些事，想和爸談一談，……

周：什麼事？

冲：就是，……我還是想把我的學費，分一部分出來，……讓四鳳也能接受教育！

周：你這糊塗蟲，……我聽你媽說，你向四鳳求婚，……被四鳳拒絕了，……你還想幫助她……你跟你媽一樣，神經有毛病！……

冲：爸，……我很正常，……我完全是關心四鳳，……才求你……答應我的請求的！……

周：先別談這件事，……四鳳，她人呢？……她到那兒去了？……快去把她找來，……我有事要問她！……

冲：（奔出）四鳳，……四鳳……爸在叫你去！……（聲遠去）

四：嗨，……來了。……（腳步聲走近）……老爺，……你叫我？

周：四鳳，……我叫你給太太煎的藥呢？

四：煎好了。

周：有沒有給太太喝呀？……

四：太太，……她……說藥……太苦了，……

周：藥，本來都是苦的，……太太，……你……喝了嗎？

太：我……沒有喝！

周：有病，不喝藥，……怎麼會好呢！……藥呢？……快拿來！……

太：我不想喝，……把它倒了！

周：（慢）什麼？……倒了？……怎麼，煎好了，倒了。……四鳳……藥，……還有麼？

四：藥罐裡，還剩了些。

周：（沉著嚴肅地）……你現在去把剩的倒了拿來。

太：我不想喝……這種苦藥！……

周：四鳳，（高聲）去，……把藥倒了來，……我要看我太太，……當場喝下去！（四鳳去倒藥聲）

冲：爸，……媽，……不願意喝，……您何必強迫她喝呢？

周：你同你媽一樣，自己不清楚自己的病在那兒！……四鳳，……把藥送到太太面前去！……

……

四：是，老爺，……太太，……你喝了吧！

太：好，……先放在桌上。……

周：蘩漪，……你喝了，……病就會好的！……

太：樸園，……何必強逼我喝呢？

冲：媽，……你就喝了吧！

太：不，……我等一下，……再喝！

周：（不高興地）不，……我要你現在喝了它，……我全是爲你好！

太：四鳳，你把藥拿走，……我眞的不想喝嗎！

周：蘩漪，……喝了它，不要任性，……當著孩子的面，……別鬧別扭！

太：（聲音顫抖）……我不想喝！

周：冲兒，你把藥端到母親面前，請她喝！

冲：（反抗地）爸！

周：猶豫什麼，快去呀！

冲：爸！

周：（嚴肅地）說，……請母親喝藥！

冲：爸，……你不要強逼媽喝！………

周：我要你說，……你要我發脾氣嗎？

冲：（含著淚，懇求母）媽，……你喝吧，……爲我喝了它，要不然，……父親會生氣發火的！

太：樸園，留著我晚上喝，不成嗎？

周：蘩漪，你當了母親，處處應當替孩子著想，就是自己不保重身體，也應當替孩子做個服從的榜樣！

太：（猶豫想喝，半途又放下，痛苦的）哦，……我實在太苦了，……我喝不下，……（僵持中，氣氛凝重，忽有腳步聲進入）

周：萍兒，……你來的正好，……你來，……勸你媽，……把這碗藥，喝下去！

萍：爸，……

周：我要四鳳爲你媽煎好了藥，……要她喝，她說藥太苦，……不想喝。……你想，不喝藥，……病怎麼會好吶？……

萍：……（爲難地）……媽，……你把藥喝了吧！……

太：我……就是不想喝！……你走開，你走開！……

周：萍兒，……你是長子，……去到母親面前，跪下，求你母親把這碗藥喝了！

萍：爸，……你……要我向……媽跪下？

周：（高聲）對，……跪下，……（稍停，更大聲）我叫你向她跪下，……你沒聽見嗎？……

……

萍：（無奈，遲疑地，跪下聲）媽，……求你把藥喝了吧！……

（強烈音效升起）

太：好，……我喝，……我現在喝！……（哭著說）我當你的面喝！（一口氣，嘟嘟把藥喝下聲）……我現在可以上樓去了吧！

（腳步上樓聲）

周：沖兒，……關於你和四鳳的事，……你還要和我談嗎？……

沖：我不想談了，……我上樓看媽去！（急促上樓聲）

（音樂）

魯：大海，……你……在這兒？

大：媽，……你也到周公館來啦？……幾時到的？……

魯：大海，……我聽四鳳說，你在礦上鬧事，……結果……讓董事長，也就是這兒的老爺，……給開除了，……是眞的嗎？……

大：媽，……你不知道，……董事長要礦上的警察開槍，……打死了卅多個工人，我們才起來鬧罷工的，……要不是我機伶，我也差一點被打死了，……

魯：唉，……好不容易有個差事，……現在，……怎麼辦呢？……還是求你父親去向董事長說個情吧！……

大：媽，你別爲我操心了，……我的事情，……我自己會解決的，……我才不會要我爸去求什麼情呢！我要見董事長，當面談個清楚！

魯：孩子，……董事長肯見你嗎？

大：不見，……我就不走！………

魯：大海，聽媽的話，……你先回家去，冷靜的想一想，你的事情，……你父親會幫你解決的！………

大：不，……我不回家去！……我只是問問董事長，究竟同不同意我們所提的條件，……若不同意，……我們罷工就罷到底！………

魯：大海，……我想你們董事長也是人，……事情會合理解決的，……你一個人，單槍匹馬的，怎麼去和他談條件！………

大：我們四個代表一起來的，………

魯：其餘三個人呢？………

大：他們分頭去聯絡旁的工會去了，………

魯：去了多久了？

大：很久了！……奇怪，……怎麼一個也不回來呢？

魯：說不定事情變卦了，……你還在這兒傻等呢？………

大：嗯，……我現在就找他們去！……（腳步離去聲）

魯：（嘆氣）唉，……這孩子的毛燥脾氣，……老讓我爲他擔心！………

（音樂）

四：媽！………

魯：四鳳！………

四：媽，……你在下房等太久了，………

魯：不要緊，……太太，……下樓來了嗎？

四：她下樓來了，……可是現在，……她吃了藥，又上樓休息去了！………

魯：那，……我來的不巧了！………

四：媽，……這兒公館大得很，……我陪妳四處去走走，這兒還有花園，……荷花池什麼的，
……才好看呢！

魯：也好。………

四：（走一陣子）媽，……這是二少爺住的，這是大少爺住的，這兒是老爺會客的地方，……
……這是老爺的書房，……太太住在樓上，……這兒是客廳，……過不久，……聽說，……
……這房子要賣給教堂，……做醫院呢？………

魯：嗯，……房子可真大！………

四：媽，你走累了吧，……客廳空著，我陪你進去歇個腿！先休息一下，太太，……也許還
要睡一會兒哪！（推門而入聲）

魯：也好。

四：媽，……你看，這兒的佈置還漂亮吧！

魯：這屋子，……很夠氣派，畢竟是有錢人家，佈置得很雅緻，……就是傢俱……好像老式了些！

四：這一張紅木的書桌，……是老爺專用的，聽說已經是卅年前的老東西了，老爺偏偏喜歡用，到那兒帶到那兒！……你看，……一點也沒破舊！

魯：這張紅木書桌，……我好像在那兒見過？……

四：媽，……你看，……這個有鏡台的櫃子，……也是紅木的。

魯：這個櫃子，……啊，……上面有鏡子！……

四：媽，……那也是老東西！是老爺從前第一個太太，……也就是大少爺的母親，頂心愛的東西，……您看，從前的傢俱，多很笨重的！……

魯：奇怪，……這兒的窗戶都不打開呢！

四：媽，……你也覺得奇怪不是？……這是我們老爺的怪脾氣，……夏天反而要關窗子。

魯：鳳兒，……這屋子，……雖說我第一次來，……好像，……在那兒見過似的。

四：（笑）媽，……您大概是想我想的，夢裡到過這兒！

魯：對了，像做夢似的，……奇怪，……這地方，怪得很，……忽然……使我想起了許多許多的往事！……

（回憶的音樂升起）

四：媽，……您怎麼臉發白，……別是受了暑，……我跟您拿杯開水吧！

魯：不，鳳兒，……你別走開，……（聲音顫抖地）我好怕，這屋子有鬼怪！

四：（緊張）媽，……你怎麼啦？……你的手冰冷，……這屋子從前眞鬧過鬼喔！……你別嚇我！……

魯：啊，……卅年前的事情，又一件一件，……回到我的腦海裡來了！……

四：媽，……你……怎麼啦？

魯：孩子，別怕，……我好像，……魂……來到過這兒！（暈了過去，掉落在地上聲……）

四：（急叫）媽，……你怎麼暈了過去！……媽，……你醒一醒啊！

（急驟音樂升起）

報幕：「雷雨」的第一集，暫且播到這兒，……四鳳的媽，……眞是遇見了鬼嗎？……還是受到了什麼怪異的刺激？……希望你密切注意，下星期同一時間，繼續收看「雷雨」第二集。

——第一集劇終——

雷雨（第二集）

原著：曹禺
編劇：姜龍昭

時、地：均同前
人：周樸園——均同第一集（周）
周蘩漪——均同第一集（太）
周萍——均同第一集（萍）
周冲——均同第一集（冲）
魯貴——均同第一集（貴）
魯侍萍——均同第一集（魯）
魯大海——均同第一集（大）
魯四鳳——均同第一集（四）

（雷雨交加聲，音樂起，劇名，演職員報幕）

報幕：「雷雨」第一集的劇情播演到四鳳的媽來到周公館，在客廳裡看到一些老式的紅木傢俱，……像見了鬼似的，突然暈了過去，這可把四鳳嚇壞了，……她緊張的呼叫著……

四：媽，……妳醒一醒啊……

報幕：過了一陣子，四鳳的媽，……終於醒了過來。……

魯：四鳳，……眞奇怪，我的魂，……眞的好像來過這兒似的！

四：媽，……您別瞎說了，……您一直在濟南，怎麼會到這兒來過，老爺他們是廿年前，才搬到北方來的，廿年前，你不是還在南方嗎？

魯：不，不，……我眞的好像來過，……這些傢俱，……尤其是這紅木書桌，還有這有鏡台的櫃子，……我是在那兒見過！

四：媽，……那個櫃子，……是從前，……老爺第一個太太死了的東西！

魯：鳳兒，……你去看，……你去看呀！把那櫃子靠右邊……第三個抽屜裡，有沒有一隻小孩穿的繡花虎頭鞋？……

四：繡花虎頭鞋，……媽，……您怎麼啦？不要這樣疑神疑鬼地！

魯：鳳兒，你去呀，把抽屜打開看一看，……我現在心裡有點膽怯，走不動，……你去呀！

（抽屜打開聲）

魯：有沒有？快告訴媽。

四：沒有呀，……裡面放的是一些茶碗！……

魯：（鬆一口氣）哦，……那大概……我眞是做夢了！

四：媽，……您靜一靜。……大概是路上累了……才神魂顚倒的！……（倒水聲）媽，……您妳先喝口水吧！喝了水，會好一些！

魯：（喝水聲）……

四：媽，……您看，……這是周家第一個太太的像片，……也就是大少爺的母親！……您看，她多好看！……笑得多美。……

魯：這就是周家第一個太太的像片？……

四：是啊，……有人說，很像我呢！……可惜，……聽說，她很年輕，就死了，……要不然……（感覺情況不對）哦，媽，……您怎麼啦？……

魯：我……頭暈，……

四：我去給你拿萬金油去！（腳步聲遠去）

魯：（自言自語）天哪，……這像片，……不就是年輕時候的我嗎？……我已經是死了的人？這是眞的，……這張相片，這些傢俱，……怎麼會，……讓我又見到了呢？……天底下，地方大得很，好不容易，我熬過了這廿年，……偏偏又把我的孩子，……放回到他的家裡來，……命運眞會捉弄人哪！……（哭泣起來）……

四：（急促奔上聲）媽，……萬金油我拿來了，你搽一下，……頭就不暈了，媽，……您怎麼在哭呢？……媽，……您哭得這麼傷心，……您突然想起什麼難過的事情來了嗎？……

……

魯：四鳳，……我沒事了，……你現在就跟我回家去！

（遠處有男聲叫：「四鳳，四鳳……」）

四：回家？您還沒見過太太呢？……

（遠處男聲又叫：「四鳳，四鳳……」）

四：媽，……有人在叫我，……您別走開，……我一會兒就來！（腳步聲走去）

（音樂）

貴：大少爺，……太太在樓上等你，……說有話要和你說！

萍：好，……我就去！……

（上樓腳步聲）

（開門聲）

太：進來，……我有話和你說！……不是，明天，你就走了嗎？……

萍：是呀，我希望，我們以後還是少見面的好。……這些日子，……我都沒有見你，……你心裡一定也很明白！

太：我當然明白。

萍：我是個糊塗人，……我很後悔，……生平做錯了一件大事，我對不起自己，對不起弟弟，更對不起父親。

太：（低沉地）但是最對不起的人，還有一個，你反而輕輕地忘了。

萍：我最對不起的，自然還有，……但，我不必同你說。

太：（冷笑）那不是「她」，……你最對不起的是我，……是你曾經引誘過的後母！

萍：你瘋了，是不是？

太：你欠了我一筆債！……你要對我負責任，你不能一個人走了，撇下我不管！

萍：前些日子，父親對我說，已經是快卅歲的人了，應該懂得自律自愛，……還說，……他是個有社會地位的人，……他教育出來的孩子，絕不願被人在背後說閒話……

太：別說你父親，你父親就是一個十足的僞君子，外表是一副道德面孔，慈善家，社會上的知名之士，……暗地裡，……儘做些見不得人的事情，……早些年，他就引誘過一個良家的姑娘！

萍：你不要信口亂說……

太：萍，……你聽清楚，……你就是你父親的私生子！

萍：胡說，你有什麼證據！

太：這是他十五年前，喝醉了酒，親口告訴我的！……你就是那位姑娘生的，……因爲你父親變了心，不要她了，……她才投河去死的。

萍：……眞是這樣嗎？……

太：你父親也對不起我，他用同樣手段，把我騙到你們家裡，……我逃不開，生了冲兒，……十八年來，……就像逼我吃藥，那樣兇橫，把我漸漸折磨成了一個石頭人，……你突然從家鄉出來，……把我引到一條母親不像母親，情婦不像情婦的路上去……，完全是你先引誘我的！

萍：你比我年紀大，怎麼說是我引誘你的，……那時候，……我太年青了，一時衝動，……才做了這件糊塗事！……年青人一時糊塗做錯了事，……你就不肯原諒嗎？……

太：這不是原諒不原諒的問題，……我只是……希望你不要走！

萍：怎麼？你要我陪著你，在這樣的家庭裡，每天想著過去的罪惡，這樣活活地悶死麼？

太：你既然知道，這家庭可以悶死人，……爲什麼還堅持一個人走，……把我留下不管？

萍：我怕我父親，……知道我們之間的事，……才要走的！

太：說了半天，……你是個膽小鬼！……沒有用的東西，……我恨……沒有早知道，……你是這樣的一個人！

萍：我承認，……我對不起你，希望你能原諒我。……你現在罵我玩世不恭也好，不負責任也好，……我告訴你，……這一次的談話，是我倆最末的一次談話，……我要走了！

太：站住，……我希望你明白我剛才說的話，我不是請求你，只是盼望你摸著良心，仔細的想一想，過去，你曾經……（停，……難過的）和我說過的許多話……。你記著：一個女人，……不能受兩代的欺侮！……

萍：我已經想得很透澈，……我這些日子，內心的痛苦，你不會不知道，……話就說到這兒，……你讓我走吧！（開門聲，腳步下樓聲）

太：（椎心的疼痛，忍不住哭出聲來……）嗚……嗚……

（音樂）

（敲門聲）

貴：太太，……

太：是誰？

貴：是我，魯貴。

太：有事嗎？

貴：老爺剛才跟我說，怕……一會兒要下大雨，……他請太太把老爺的一件雨衣拿出來，……

……說不定老爺出去要穿。

太：四鳳跟老爺檢的衣裳，找四鳳拿麼？

貴：我也是這麼說，您不是不舒服麼？可是老爺吩咐說，不要四鳳，還是要太太自己拿。

太：好吧！……我……去找找看，……一會兒拿來。

貴：老爺說，……最好，現在……就拿去！……

太：我知道了。你先去吧！

貴：太太，……我家裡的，早來了，……一直在客廳等你見她呢！

太：哦，……我一會兒就下樓去了。

貴：我家裡的，是下人，……不忙，……能跟您見面談談，是太太的恩典。……

太：好了，……我找到雨衣，……就下樓去。

（音樂過場）

貴：咦，……四鳳呢？她不是在這兒陪著你，……等太太的嗎？……怎麼不見了。

魯：有人叫她去忙別的事了吧！

貴：太太一會兒就下樓來了，……你告訴太太說，……找著了雨衣，……老爺自己到客廳來穿，……他說，有些話要和太太說。

魯：你說……老爺要到客廳來？

貴：嗯，……你記清楚了，別回頭老爺來了，太太不在，……他又要發脾氣了。

魯：你自己跟太太說吧！

貴：這上上下下許多底下人，都得我支派，我實在忙不過來，……

魯：我要回家去，……我不想見太太了。

貴：（奇怪）……你等得不耐煩啦？……是太太要你來的，……怎麼還沒見她，你就要回去了呢？

魯：我預備帶著鳳兒回家去，……叫她辭了這兒的工作！

貴：這是怎麼回事？……要四鳳辭了這兒的工作？……

魯：我不要她就在這兒，不可以嗎？……四鳳，……你來啦，……我們回家去吧！

四：媽，……您見過太太啦？……（太太下樓腳步聲）

貴：太太，……下樓來了。……

太：四鳳，……老爺的兩套雨衣，我都找出來了，……你拿去給老爺，讓他自己挑吧！

貴：四鳳，……把雨衣放在這兒，……老爺，他一會兒自己來拿。

太：你就是四鳳的媽吧？對不起，叫你久等了。

魯：不多一會，太太，……等太太是應當的。

太：請坐，不要客氣。……（坐下聲）四鳳，你先到廚房去看看，看晚飯的菜，準備得怎樣了？

四：是，太太……（開門聲離去）

太：魯貴，告訴老爺，說我同四鳳的母親在談話，回頭，再請他到客廳來。

貴：是，太太。……老爺說，一會兒，德國的克大夫會來給你看病。

太：我知道了，你去吧！

貴：是。……（腳步聲離去）

魯：我當家的，……要四鳳告訴我，一回到家，就來見太太，說您有事要和我談！……

太：是的，……你坐呀，不要客氣。……（坐下聲）我常聽四鳳提到你，……說你唸過書，……從前也是很好的門第！

魯：四鳳這孩子年輕不懂事，……不懂規矩，……這兩年，叫您多生氣啦！

太：不，……她很聰明、伶俐，……我也很喜歡她！……這孩子，不應當叫她伺候人，應當替她找一個正當的出路。

魯：我也不願意……這孩子幫人。

太：我知道，你是知書達禮的人，一見面，彼此都覺得性情是直爽的，所以，我才請你來談一談。……

魯：太太，……是不是四鳳……做錯了什麼事？叫人說閒話。

太：不，……不是的，……我只把家裡的情形，和你說一說，……我家裡的女人很少，除了我是個女人，兩個少爺，一個老爺，還有兩個老媽子，其餘用的都是男下人。

魯：是，太太。

太：四鳳的年紀很輕，……她只有十八歲，是不是？

魯：是的。

太：我自己有一個兒子，只有十七歲，比四鳳還小一歲，他很不懂事……（腳步聲上）

貴：太太，克大夫已經來了，老爺催太太快去看病。

魯：太太，您先看病去，我在這兒等著不要緊！

太：我和四鳳的媽，……話還沒說完哪，……魯貴，……你去跟老爺說，我吃了藥，病已經好了，不用再看醫生了。……你去給老爺回話吧！

貴：是，太太。……

太：對了，你……出去叫一個電燈匠來，……剛才，我聽陳媽說，花園裡藤蘿架上的舊電線斷了，掉在地上走電，……很危險的，叫他趕快來收拾一下，不要一會兒下雨電了人。

貴：是，太太，……我這就去找電燈匠！（腳步聲下）

太：眞是快下雨了，這屋子好悶熱，……我還是去把窗戶打開，好透透氣。……（開窗子聲）

我那孩子，……眞不懂事，前兩天，……突然跟我說，他很喜歡四鳳，……他要我先生幫她出學費，……讓四鳳去上學。……

魯：太太，……這眞是笑話！……

太：我這不懂事的孩子，……還想要四鳳嫁給他！……

魯：太太，……請您不用往下說，……我都明白了。……

太：四鳳還比我的孩子大一歲，……這種情形，再發展下去，……是非常容易叫人發生誤會的。

魯：太太，我明白，你找我來談話的原因了，……這是我萬沒想到的事，……太太，……你別操心，……我回頭就把四鳳帶走，……就請太太准了我女兒的長假！

太：既然，……你願意把四鳳帶走，……這樣，也很妥當，回頭我叫賬房把工錢算出來，……她自己的東西，我可以派人送去，我有一箱子舊衣服也可以帶去，……留著她以後在家裡穿！……只是，我怕我那孩子，傻裡傻氣，會找到你家裡去見四鳳！

魯：太太，你放心，……我會和四鳳離開這兒，走得遠遠的，以後再也不會見著周家的人！……（抽泣起來）……

太：這也是沒辦法的事，……魯嫂，……你如果錢上有什麼問題，告訴我，……我會給你設法解決的！……

（正說間，周樸園生氣的推門聲進入）

周：太太，……（大聲地）克大夫，在那兒等你已等得不耐煩了，……你怎麼還在這兒，不去看病？

太：我藥喝夠了，……我不想再看病！

周：我發現……你除了有病，……神經也有點失常，……克大夫，是全科大夫，他一定可以把你的病治好的！

太：誰說我神經失常？……你爲什麼咒我？……我告訴你，……我沒有病！……

周：你看你，……有病，還不肯看醫生，……這不是神經失常的病態麼？……（命令式地）……你應當聽話！……

太：對，……你的話，是聖旨，……誰也不敢反抗！……我去，……行了吧！……我的病，……都是讓你給逼出來的！……（腳步聲開門走出）

周：（雨衣翻動聲）這兩件雨衣，……是太太找出來的嗎？

魯：大概是的。

周：不對，……不對，……我要的是那件高領子的！……這兩件太小了，穿著不舒服。……咦，……你是新來的下人嗎？……這客廳沒有事，「下人」是不准隨便進來的！……

魯：對不起，老爺，……我不知道，……我是女兒帶我來的。我女兒叫四鳳！

周：哦！……那你是走錯屋子了！……奇怪，這窗戶誰叫打開的？……

魯：是剛才太太打開的，……她說太悶了，……開了窗，可以透透氣！

周：你去把窗子關上。

魯：是！（關窗子聲）……我……走了。

周：（恍惚地）奇怪，……別忙走，……你站住，……我恍惚在那兒見過你？……你貴姓？

魯：四鳳姓魯，……我也姓魯！

周：聽你的口音，……像是南方人，不像是北方人。

魯：對，……我不是北方人，……我是江蘇的。

周：我聽你說話，……有點無錫的口音。……你是無錫人？

魯：對，……我自小就在無錫長大的。……

周：（陷入沉思）無錫？……嗯，……無錫！那是個好地方，……你在無錫長大，……是什麼時候？

魯：滿清時代，……光緒廿年，……距離現在有卅多年了。

周：哦，……這麼巧？……卅年前，你……在無錫？

魯：是啊，……卅多年前，……我記得，……那時候還沒有用洋火呢！

周：卅多年前，距離現在……很遠很遠了！……那時候，我廿多歲，……我在無錫躭過！

魯：老爺，卅多年前，也在無錫？……

（回憶的音樂升起）

周：卅多年前，……在無錫有一件很出名的事情，不知道……你有沒有聽說過？

魯：不知道，老爺說的是那一件？

周：（感嘆地）很遠很遠了，……也許提起來，大家都忘了。……我曾經問過許多，那個時候，到過無錫的人，我想打聽一下。……可是那時候在無錫的人，到現在，不是老了，就是死了……就是活著的，……多半也不知道，或者忘了，……

魯：老爺如若想打聽的話，……我可以托人代你幫忙，……因爲，無錫那邊，……我還有一些熟人！

周：卅年前，……在無錫，……有一家姓梅的，梅花的梅，……

魯：姓梅的？

周：梅家一個年輕的小姐，很賢慧，也很規矩，……有一天夜裡，突然投水死了，……後來，……後來的事，……你知道嗎？

魯：我……不敢說。

周：哦？……你知道？

魯：我認識一個年輕的梅姑娘，……可是，和你說的不一樣。她既不是小姐，也不賢慧，並且是不大規矩的。

周：也許……你弄錯了，……不過，……你不妨說說看。

魯：這個梅姑娘，是有一天跳了河，可是不是一個人跳，她手裡還抱了一個出生剛三天的男孩，……聽人說，……她生前，……是不規矩的。

周：哦？是嗎？

魯：她是周公館家的下人，……她跟周公館的少爺，有點不清不白，前後生了兩個孩子，生第二個孩子才三天，……就因爲周少爺變了心，不要她了，……那個大孩子，留在周公館，剛出生的孩子，她抱在懷裡，……在年卅的夜裡，投河死的。……她是周公館梅媽的女兒……名字叫侍萍。……

周：你是誰？……你怎麼知道這件事情這麼清楚。

魯：我過去也在周公館做過下人。

周：對了，……那個姓梅的姑娘，……是叫侍萍，我聽說，……那個投水死了的姑娘，後來被人發現了屍體，……被埋了，……你知道，……她的墳在那兒嗎？

魯：老爺，問這些閒事幹什麼？

周：這個人跟我們有點親戚關係，……我想，把她的墳修一修！

魯：哦，……那……不用了。

周：怎麼？

魯：這個人，現在還活著。

（緊張的音樂，突升起）

周：什麼？……她還活著？……

魯：她沒有死。

周：眞的？……不可能吧？……我看見她河邊上留下的衣服，裡面有她的絕命書。

魯：她投河以後，……在下游，……被一個好心的慈善人救活了。

周：哦，……救活啦！……我一直以爲她死了。

魯：救活以後，……她離開了無錫，……所以沒有人再見著她。

周：那個出生才三天的小孩呢？

魯：也活著，……已經廿七歲了。……

周：她離開了無錫，到那兒去了呢？

魯：她在外鄉流浪，一個人帶著一個小孩，過苦日子、討飯、給人縫衣服，……什麼下賤的事，……爲了活下去都得做，……後來，……在一個學校當老媽子！……

周：她爲什麼不再找到周家去呢？……

魯：大概是不願意吧，……就是回去，……周家的少爺，也不會收留她，……爲了生活，……她最後嫁了人，也是很下等的人，……她眞是命苦，……一直很不如意，……老爺，你想幫她一點忙嗎？……

周：你知道她現在在那兒？

魯：她現在老了，……又生了個女兒，……境況很不好！……

周：你怎麼對她知道的這麼清楚？

魯：我前幾天，還見著她！

周：前幾天還見過她？……這麼說，……她現在就住在此地嗎？

魯：嗯，……就在此地，……

周：此地？……（猛然看出）啊，……說了半天，……原來你就是侍萍，……我真是老眼昏花，……怎麼？連你也認不出來了呢！

魯：人老了，……相貌也都變了，……侍萍，……老得，……連你……和她說了這麼多的話，……還不知道啊！……

（音樂）

大：爸，……你到那兒去了？

貴：太太要我去找電燈匠，……要他來修理花園裡的那根掉在地上的電線，……結果，……電燈匠說，……快下大雨了，……不好修理，……他明天再來。

大：那電線走電，是很危險的！

貴：怎麼？大海你還不走，……見著董事長了嗎？……

大：他們說董事長……有客人在……不讓我進去！

貴：你啊，……還是先回家去，……你的事，……我來去給老爺說，……別小看你爸，……

老爺，……會讓你回礦上去的。

大：我才不要你去求什麼情！……我是來找他談判的！……

貴：董事長，不會肯見你的！……

（遠處突然傳來狗慘叫聲）

貴：……（奔跑）啊，發生了什麼事？……什麼？大少爺的心愛的那隻狗，……讓那根電線……走電……電死了！……快……走開，……用繩子把四周圍起來，……不要再有人打那兒過了。我還是去找別的電燈匠去！

（音樂）

周：侍萍，……你怎麼會找到這兒來的？

魯：我不知道你在這兒。

周：誰指使你來的？

魯：不是我要來的，……是命，……不公平的命運，指使我來的！……卅年不見，……我以為你早死了，沒有想到，……今天，我會在這兒碰見你。

周：侍萍，……我知道你受了不少委屈！……現在，大家都上了年紀，……過去的那些舊恩怨……也已過去，……不用再提了。……

魯：我要提，……卅年了，……我流了多少眼淚，……母親為我的事，氣死了，……這些年來，……我真像是在作夢！……怎麼偏偏我自己生的孩子，又會跑到你們周家來，做我從前在你們家裡做過的事。

周：難怪，……我一見到四鳳，……就想起你。……她太像你了。……

魯：眞沒想到，……我伺候你，……我的孩子再伺候你生的少爺，……這……難道是我報應嗎？

周：你不要以爲，當年是我變了心，……才不要你的！……是我父親要和一家有錢的人家結成親家，……才要我母親，……把你趕出去的！……後來，那門親事也沒談成，……我一直把你記在心裡，沒有忘記，你看，這紅木書桌、還有這有鏡台的櫃子，……從南方搬到北方，……我一直留著，爲著紀念你。

魯：是嗎？……

周：你的生日，四月十八，……每年我總記得，一切都照著你是正式嫁過周家的人看待。甚至於你因爲生萍兒，受了病，總要關窗戶，這些習慣我都保留著，……害我現在的太太，老是不高興，……說我古怪……

魯：夠了，……這些傻話，也不必說了，……

周：……既然，你來了，我們可以好好的談一談。

魯：現在，……我們都已是有子女的人，……還有什麼好談的。

周：我看你的性情，好像沒有什麼改變。……你現在的當家的，……雖說，很懂得奉承，……但是個不很踏實的人！

魯：你不要怕！……他永遠不會知道，……我們間的事！

周：那，……大家都好。……對了，我問你，……你自己帶走的那個小孩，現在在哪兒？

魯：他在你的礦場做工，……聽說，為了鬧罷工，……你已經把他開除了？

周：（一驚）什麼？……那個叫魯大海的工人，……就是……我自己的兒子！

魯：他的一個腳指頭，因為你的不小心，……至今還是少一個的。

周：（冷笑）……眞沒有想到，……我自己的兒子，會跟我來作對！……

魯：他……才不會認你是他的父親！

周：侍萍，……既然你來了，……你自己說罷，……你現在需要多少錢？……只要我拿得出，……我都可以給你。……

魯：樸園，……你以為，……我是為了錢，故意來敲詐你的嗎？

周：暫且不談錢……也好……現在，……我告訴你，……魯貴，我現在決定要辭退，四鳳也要她回去，……不過！路費、用費，……可以由我負擔！

魯：樸園，……你放心，……我不會把我們的關係，張揚出去，更不會用這種關係來向你要錢！明後天，我就要魯貴、四鳳離開周家，回我原來的地方去，不給你添半點麻煩！……

周：好，……不要錢，……你現在還要什麼，你說，……我都可以答應你。

魯：（傷心流淚的說）我——什麼也不要……只要見見我的萍兒，……他比大海大一歲，今年大概廿八歲了吧？……

周：我可以叫他來見你，（遲疑）……不過，……他只知道他母親早已死了！

魯：樸園，……你以爲我會哭哭啼啼，叫他認母親嗎？我不會這麼傻的，我難道不知道，現在的我，……只會給自己的兒子丟人麼？我明白他現在的身份地位，不容許他承認我是他母親，……這些年，我早學乖了，……隔了快卅年了，……我只想看看他，他終究是我生的孩子。……你不用害怕，我是他母親，我何必增加他的煩惱呢！

周：那就好，……我去叫他出來，……你看一看他，……以後，……你們魯家的人，永遠不許再到周家來。……

魯：放心吧，……我這一生，再也不會來見你。

周：很好，……我現在就叫萍兒來這兒和你見面，……這兒是一張五千塊錢的支票，你拿去兌現，……算是彌補我對你的虧欠。

魯：謝謝你的好意，……我心領了。（撕支票聲）我這些年的苦，……不是你拿錢算得得清的！

周：侍萍，……你怎麼把支票撕了呢？你不收，……將來，你會後悔的！……

（音樂）

萍：爸，……是，……你在叫我嗎？

周：是的，……萍兒，……你來，……我給你介紹認識一個人，……

萍：誰？

周：就是她……她是四鳳的媽，……你……叫她……魯媽好了。……

萍：魯媽，你……好。

周：他是我的長子，……叫周萍。……

魯：大少爺……您好。……

（外面有大海叫喊著：「別攔著我，……我要見董事長」……）

周：誰在外面吵！……

萍：有個礦上的工人，……鬧著要到客廳來。……

周：是那個……叫……魯大海的工人嗎？……

萍：好像是的，……爸……你要見他嗎？……

周：讓他進來。

萍：好，……我讓他進來，……你……叫魯大海嗎？

大：（雜亂腳步聲）……嗯！……

萍：跟我進去，……要注意禮貌！……

大：（推門聲）媽，……你……也在這兒！……

魯：大海，……這就是你要見的董事長，……這是……他的大少爺，……

周：魯大海，……你找我，有什麼事嗎？

大：我昨天，……就從礦上來了，……在門房左等右等，……要見你，……眞比登天還難！……我來！就是要問董事長，……對於我們工人的條件，究竟是允許還是不允許？

周：你們一共是四個代表，另外三個代表呢？

大：他們在分頭聯絡旁的工會負責人。

周：他們沒告訴你旁的事情麼？

大：告訴不告訴，不重要。……你一忽兒軟，一忽兒硬，究竟是什麼意思？

周：年輕人，你只憑意氣用事，……是不能交涉事情的！

大：哼，……你是想故意拖延時間，……花錢收買少數的敗類，……瓦解我們的團結……對不對？……你錯了，……我們四個代表不是來求你們可憐我們，……若是你不接受我們的條件，……我們就罷工罷到底，……看你的煤礦公司，會不會關門？

周：你以爲你那些代表，……都可靠嗎？

大：至少……比你說的話可靠！

周：說得好，……我現在給你看樣東西！……（取出一張電報，紙張翻動聲）……這是礦上剛打來的一份電報！……

大：（一驚）什麼？……礦上……已經……又上工了！……（放下電報聲）不會，不可能的！

周：魯大海，……礦上的工人，早已復工了，……你這當代表的，反而不知道麼？

大：（驚、怒）怎麼礦上警察打死了卅多個工人，……就白打了麼？……（忽然笑出聲）哼，……這通電報是假的，……故意拿來騙我的，……哼，……你們這種行爲，……卑鄙無恥！……

萍：你……敢在這兒放肆罵人？混蛋，……

周：萍兒，……你……別管！……

魯：大海，……不准這樣說話！……

周：你說電報是假的！……那我把復工的合同給你瞧瞧。

魯：董事長，……你別騙小孩子了，……復工的合同，沒有我們代表的簽字，是不生効力的！

周：是嗎？……（開抽屜聲）喏，合同在這兒，上面有那三個代表，……都已簽了字，……就你，沒有簽字。

（緊張音樂升起）

大：什麼？（低聲）他們三個都簽了字，怎麼不告訴我一聲，……我給他們出賣了？……

周：傻小子，……沒有經驗，……只會胡鬧，是不成的！

大：那另外三個代表，人呢？

周：他們簽了字，……騙車就回礦上去了！……要不怎麼會收到這份電報！

大：這三個傢伙，……難怪，我找不到他們，……一定是你這不要臉的董事長，用錢把他們收買了！……

魯：大海，別說了，回去吧！

周：魯大海，……礦上早已把你開除了，……你現在……就離開這屋子！

大：沒想到，……你叫警察殺了這麼多的工人，……居然沒事！……爲了賺錢虐待工人加班，工人送了命，……你還尅扣工錢……姓周的，……你發的是絕子絕孫的昧心財，……將來，……不會有好下場的！……

萍：這個混帳東西，……越說越不像話，……我非教訓他不可！……（劈力啪拉，連打大海兩個耳光聲，……）

周：來人哪，……把這混小子趕出去！……（一些人進入毆打聲）

大：（大叫）你們是強盜……怎麼可以打人？……

魯：啊，……大海，……你頭被打出血了，……你……是……萍——（忍住不敢相認）憑……憑什麼打他！……

萍：他罵人，……我就打他……關你什麼事呢？……

魯：大海，……走吧，……別再鬧了！……（哀求）我求你，……快走吧！

（有人進來拉大海，雜亂聲中）

魯：孩子，……我苦命的孩子……

（音樂）

周：萍兒，……你也太莽撞了，……把人，頭都打流血了！……

萍：爸，……他……這樣侮辱，……罵你，你不生氣啊？……

周：唉，……你不知道，……他姓魯，……叫魯大海嗎？……

萍：剛才，他進來的時候，……我就知道他叫魯大海了！……

周：你知道，……他是四鳳的哥哥嗎？……

萍：（震驚）他是四鳳的哥哥？……難怪，……魯媽，護著他！……

周：他也是魯貴的兒子！……你現在去告訴賬房，……叫他把魯貴和四鳳的工錢算清楚，……另外多算兩個月的工錢給他們，要他們父女倆今天就走，……我決定把他倆一起辭退了。……

萍：爸，……魯大海鬧事，你把他開除了，……爲什麼要四鳳和他爸，……也給辭退了呢？……他們……在家伺候你，……也沒犯錯啊！……

周：他們魯家的人，……夠我頭痛的了，……我不想、再看見他們。……

萍：爸……魯貴辭了，就算了，……四鳳可以留下啊！

周：四鳳留下，……和冲兒也糾纏不清，……還是一起走的好！……這一鬧，……我眞累了，……我要去書房歇一下，你叫他們送一碗濃一點的普洱茶來。……

萍：（黯然）……是，爸爸。……

（音樂）

冲：哥，……我聽說，魯貴和四鳳，……因爲魯貴的兒子魯大海，來鬧事……結果，……大吵了一架，……後來，父親一生氣，就把魯貴和四鳳都辭退了，……這是眞的嗎？

萍：是眞的。

冲：就是爲礦上工人罷工的事，……不是說，……已經復工了，……怎麼……還會吵架呢？

……

萍：那魯貴的兒子，……是個混球，……他居然……破口大罵我們的父親，……說爸虐待工人，尅扣工人的錢，發的是昧心財……別說爸生氣，我聽了也發火。……

冲：那跟魯貴和四鳳，有什麼關係，……他倆忠心耿耿，在我們家做事，已經兩年了，……爲了一點小事，……說走就叫人走，……太不通人情了嗎？……哥，……你說是不是？

……

萍：爸已經決定了的事，……誰也改變不了……說眞的，……我也不希望他倆走呀！

冲：我去求爸……還是別讓他們走吧！

萍：爸……不會聽你的？……冲弟，……你別作夢了！……

冲：不管怎麼說，……我去試試……或者，……要媽也幫我說說話，……也許……能挽回，也說不定喲！……

萍：好吧，……你去求爸吧！……我看，……希望不大，白費力氣。

（腳步聲離去）

（音樂）

四：媽，……

魯：鳳兒，……什麼事？

四：爸，也讓老爺給辭退了，賬房剛才，……給我們兩人，都多算了兩個月的工錢，……爸還不知道呢！

魯：你爸……去找電燈匠，……怎麼去了這麼久，還沒回來？

四：大概是下雨了，……那家電燈匠不肯來，……他又去找別家電燈匠了。

魯：我去找他回來，……（腳步聲離去）……四鳳，……幫你爸，把他的東西也收拾一下，……那些零碎東西，能丟的，……就丟了吧！……起風啦，很快就下大雨了。

（雷聲漸起）

四：是，……媽！……快去快回呀！

（敲門聲）

四：誰？

萍：四鳳，……是我！……

四：我正忙著收拾東西，……你來做什麼！……（收拾東西發出的聲音）

萍：四鳳，……對不起，……我不知道，他是你哥哥，……剛才一時衝動，動手打了他，……希望你能原諒我！

四：別談了，……事情已經過去了，……還說什麼呢？……你回去吧，……明天，……你到礦上去，……我也不能來送你了。

萍：四鳳，……別走！

四：大少爺，……放開我，……你不知道，……我們已經叫老爺給辭退了嗎？

萍：鳳，……你——肯饒恕我嗎？

四：萍，……你不要這樣，……我並不怨你，……我知道，遲早會有這一天的，……沒想到來得這麼快，……今天晚上，……你也不用到我家來了。……我們從此……再見吧！

萍：以後，……什麼時候，……再見呢？

四：我現在……心理亂得很，……再說吧！

萍：不，四鳳，……我不想，……這樣，就和你話別，……今天晚上十一點，……我一定去你家找你，……我有許多話，……要同你說，……四鳳，……千萬別拒絕我，……好嗎？

……

四：大少爺，……我求你，……無論如何，你不要來了！

萍：那……你想辦法，抽一個時間來見我！好不好？

四：我抽不出時間，……

萍：那……我一定晚上來你家。……

四：不，……大少爺，……你別來……

（遠處太太叫：「四鳳，……」）

四：哦，太太來了，……你快走吧！……

太：（腳步聲走近）四鳳，……你父親還沒回來嗎？……

四：我媽正在找他。

太：我有些衣物要送給你，……等一會整理出來了，……我派人送你家去，你家住什麼地方？

四：杏花巷十號。

太：四鳳，……別難過，……有空，……歡迎你來玩。……杏花巷十號，……好，……我記下了。……

四：謝謝太太，……

魯：四鳳，……馬上就下雨了，……沒找到你爸爸，……我們先走吧！

四：是，媽，……我已收拾好了。……

魯：你的包袱，……打開讓太太檢查一下，……這是「下人」走的規矩。……

四：是，……太太，……請你檢查一下。

太：不用了，……

魯：太太，……我們走了，……四鳳，……你跟太太謝謝。

四：太太，……謝謝，……我和媽……走了。……

（風狂雨急，打雷聲，驟雨下落聲）

太：啊！……下大雨了。……

（音樂）

太：萍，……

萍：你……叫我？

太：剛才，……四鳳在收拾東西要走的時候，……你嘀嘀咕咕，……和她在說些什麼？

萍：沒說什麼，……只是……安慰她……別難過。……

太：你別騙我，……我好像聽說，今天晚上十一點，……你要到她家去找她話別……要她千萬別拒絕你，……對不對？

萍：我……是要到她家去，……不可以嗎？……

太：你知道，……她是誰？……你是誰麼？你是「少爺」，……她是「下人」。

萍：我不管這些，我只知道，……我眞的喜歡她，……她也喜歡我，……過去這些日子，我知道，你很清楚，現在……你既然說破了，……我也用不著再瞞你。

太：萍，你是受過高等教育的人，……現在同這麼一個底下人的女兒，……你覺得相配嗎？……她是個下等女人。

萍：她不是一個下等女人，……我喜歡她，……沒有配不配的問題！

太：（冷笑），你不要太過份，萍……你要把我……逼瘋了，……我什麼事，都可以做得出來的！……

周：太太，……你跟萍兒……在說些什麼？

太：我說已經打雷了，……雷雨，……可能就要下了。……

周：嗯，……暴雨，……可眞要下了。……快……把……所有的窗子關上。

（風雨加緊，關窗子聲）

（突然一只花盆被風吹落地打碎聲）

周：什麼聲音？

太：一隻花盆，叫大風吹倒，掉落地上打碎了！……

（音樂）

（青蛙叫聲，野狗叫聲）

（木梆聲、風雨聲）

（喝酒聲）

四：爸，……你別再喝了，……再喝……就醉了，……醉了，……又要發酒瘋了！……

貴：別管我，……今兒，……我得喝個痛快！……（繼續倒酒聲，喝酒聲）……哼，……他媽的，……眞想不到，……我魯貴，……在周公館這兩年幹得好好的，……這一陣雷雨下下來，……就讓你們……給砸了飯碗！……我想，我眞不該去找什麼電燈匠的！……四鳳，……你說，……太太把你媽找去談話，就是要你走路的，……那跟我有什麼關係呢？……

魯：好了，……別嘮叨了，……辭了就辭了，……再找新的工作就是了！……發什麼牢騷？

貴：我是一輩子犯小人，不走運。這些年，我好不容易辛辛苦苦，……把你們養大，……可是現在，……你們想一想，那一件事，你們對得起我。四鳳，……你說？……大海……你說？……還有你，侍萍，……你說呀，……一回來，……太太找你去談話，……還沒說上兩句，……你就拉著四鳳說，要回家，四鳳回家，事沒了，不說，想不到，……連我的老根子也拔了，……你若不來，……我能倒這樣的霉嗎？（吐一口痰在地上）呸！……

……

大：你要罵，……就罵我，……別指東說西，欺負媽好說話！

貴：我罵你，……你是「少爺」，……你連董事長都敢罵了，我敢罵你？

大：你喝了些酒，……就叨叨叨……說個沒完沒了，……這半點鐘，你還說不夠？

貴：夠？……哼，……我一肚子的委屈，一肚子的火，……我沒個夠！……想當年，你爸爸也不是沒叫人伺候過。吃喝玩樂，我那一樣沒講究過，……自從娶了你媽，唉，我是家敗人亡，一天不如一天，……一年不如一年呵！……

四：還不是你自己愛賭錢，才輸光的！

魯：四鳳，……別理他，……讓他說。……

貴：四鳳，……我告訴你，……過去，……我受人家的氣，……受你們的氣，……現在好，……連想受人家的氣也不成了，……現在我只好餓著肚子，跟你們一塊兒等死，……你們想想，……你們那一個對得起我？……（突然）侍萍，……我不喝酒了，……你拿個凳子來，……讓我擱擱腿！……

魯：是，……「大老爺」！

貴：大海，……這能怪誰？你把董事長罵了，……他一生氣，當然，就把我們給辭了！誰叫我是你爸爸呢？……大海，你也不小了，……你心裡好好想一想，我這麼大年紀了，……要跟著你餓死，……眞餓死了，……你那一點……對得起我？……你回答我，……我要是這樣死了？……

大：（忍不住，起立，大聲說）你死，就你死，……沒什麼大不了的！

魯：大海，……（阻止）……

四：哥，……別再惹爸生氣了！

貴：（又軟下來）瞧你，……還跟我發火！……唉，……話說回來，……這也不能全怪大海，周家的人，從上到下，就沒有一個好東西！……這兩年，我也看夠了！反正，有錢人頂方便，做了壞事，外表裝得比做了好事還體面，文明詞用得越多，心裡頭越男盜女娼，……別看，今天我走的時候，老爺太太裝模做樣，跟我儘打官話，明兒見！他們家的醜事，……還當我不清楚。……

四：爸，……你千萬別再去周家了。

貴：哼，明天，我把周家太太，和大少爺的這一檔子事抖出來，……就連老頭，這王八蛋，也得給我跪下磕頭！……眞是忘恩負義的東西！……（又叫）侍萍，……茶呢？……

四：爸，你喝醉了麼？媽，……剛才不跟你放在桌上了麼？

貴：（喝水後咕咕嗽了嗽口，吐了一地）小姐，……這是白開水，……那是什麼茶！

四：是白開水，……沒有茶。……這兒不是在周公館！

貴：侍萍，我吃完飯，總要喝杯好茶，你還不知道麼？

大：四鳳，……（故意說）爸爸吃完飯，還要喝好茶的，……你怎麼不把那一兩四塊八的龍井沏上，……讓爸爸生氣！

四：龍井，……家裡，連茶葉末都沒有。

貴：大海，……你要看我不順眼，……你可以滾開。

魯：（倒水聲）好啦，……你就喝白開水，將就將就，別窮講究啦！

大：……你……叫我滾！

魯：大海，……看在媽的份上，他心情不好，……別和他鬧！

貴：……怎麼？你鬧了這麼大的亂子，……我沒有說你，……你……還要打我嗎？……你給我滾出去，……我不想看見你！

大：媽，……我……實在看不下去！……我走了！

魯：外面正下著雨，……你上那兒去？

大：我……找工作去，……要不，爸……快餓死了嗎？

貴：滾、滾、滾！……滾得越遠越好！

大：你再惹我火，……（拔出手槍）我一槍，……就把你給斃了！

四：哥，……你那兒來的手槍？……

魯：（駭極）大海，……快把槍收起來。……

（緊張音樂升起）

報幕：各位聽衆，魯大海與他父親發生了衝突，……他會一氣之下，把父親打死嗎？……希望你下週同一時間，接續收聽「雷雨」第三集。

——第二集劇終——

雷雨（第三集）

原著：曹禺
編劇：姜龍昭

時、地：均同前

人：魯貴—均同第二集（貴）
魯侍萍—均同第二集（魯）
魯大海—均同第二集（大）
魯四鳳—均同第二集（四）
周冲—均同第二集（冲）
周萍—均同第二集（萍）
周蘩漪—均同第二集（太）
周樸園—均同第二集（周）

（依然雷雨交加聲，音樂起，劇名，演職員報幕）

報幕：雷雨第二集的劇情，……播演到魯貴與四鳳，……被周樸園都辭退了以後，……魯貴與鬧事的兒子魯大海發生了爭執，……在情緒激動情況下，大海竟然自身上掏出一把手槍，對著魯貴說，……要斃了他……劇情進入了另一高潮，……槍是那兒來的呢？

……請繼續收聽下去。……

魯：大海，……你……快把槍放下，……

四：哥，……你那兒來的槍？……

貴：孩子，……槍可不是好玩的，……走起火來，……會打死人的！

大：你跟媽說，……說自己錯了，……以後，再也不亂嘮叨，亂罵人了。

貴：好，……我說，……你……（膽怯）你先把槍放下，……別對著我！……

大：你先說呀！

貴：好，我先說，……侍萍，……我錯了，……我以後，……再也不亂嘮叨，亂罵人了，……

……你該把槍放下了吧！

魯：大海，……把槍給媽！……

大：（笑）……媽，……您別怕，……我是故意嚇唬嚇唬他！……他太不把你，當人看待了！

……

魯：大海，……把槍給我！……你這把槍，……是從那兒弄來的？

大：我是從礦上帶回來的，……鬧事的時候，警察和我們打成一團，不小心，槍掉了下來，

……我就拾起來了，……

魯：你……把槍帶在身上，……幹什麼？

大：幹什麼？……周家逼得我走投無路，……我就拿它去和他們算帳！

四：哥，……你可不能胡來！

魯：剛才，吃晚飯的時候，我不是已經跟你說過，……周家的事，算完了，以後，……我們姓魯的，……永遠不提他們了，……你怎麼還想去找他們呢？

大：媽，……周家大少爺，……打在我臉上的兩巴掌呢？……還有那些佣人，……拳打腳踢的……把我頭都打流血了，……就算完了麼？

魯：大海，……這一本帳，算不清楚，……報復是完不了的，……一切都是天定……你這脾氣，媽眞願你多受點苦！……

大：媽，……我不甘心！

魯：大海，……你是媽最疼愛的孩子，……你聽著，我從來不用這樣的口氣，對你說過話，……你若是傷害了周家的人，不管是老爺，或者是少爺，……只要你傷害了他們，……我是一輩子，也不會原諒你的。

大：可是媽！

魯：你該知道媽的脾氣，……你若果眞做了媽最怕你做的事情，……媽，就死在你的面前！

大：（嘆氣）哦，……媽，……您……讓我怎麼洩恨呢？……

魯：大海，別說了，……你把槍給我！……怎麼？……你不肯！……

四：哥，……把槍交給媽！……

大：好，……媽，……我把槍暫時交給你保管，你放在那裡，……可要告訴我！

魯：好，我把槍放在木箱裡，……明兒早，……我就報告警察，……把槍交給他們！

貴：對呀，……這才是……正理。

大：（對貴）你少說話！……媽，……我出去一下。

魯：外面下著雨，……你上那兒去？

大：我想去車廠拉洋車去，……總得找工作做喲！

魯：好，……你去，……不過，……早點回來，……一家人，終究是一家人，……不許再跟你爸這樣嘔氣！

大：爸，……我走了。（腳步聲遠去）

貴：（又神氣起來）哼，這小王八蛋！……

（音樂）

（喝茶聲）

周：（感慨萬千，自言自語）呵，……眞沒想到，……過了卅年，……侍萍竟然還活著，……還和我見了面，……她老了，……我竟認不出她來了。……天下的事，……眞難以預料、想不到……她竟然……就是四鳳的媽，……難怪我一見四鳳，……就……覺得面善，……她帶走的那個孩子，……居然是和我作對的魯大海，……大海把我看作仇人一樣，……他沒想到，……我就是他親生的父親！……（又喝了一口茶）……

（風雨聲繼續著）

周：侍萍，……把我給她的支票撕了，……如今，……我又把他們全辭退了，……今後他們的日子怎麼過呢？……嗯，……我明兒，……要賬房，……匯一筆錢，……給他們寄去，……這樣，……我才可以安心。……（來回踱步聲）啊，……這客廳的鐘怎麼停了？……啊，……一直是四鳳上發條的……她走了，鐘也停了！……明天一早，萍兒……要到礦上去，……幸好，萍兒還不知道，……他的親生母親……如今還活著，……剛才，在這兒……侍萍，……沒有認他……眞好險！……

（推門聲）

周：啊，……冲兒！……

冲：爸，……很晚了，你還不睡嗎？……

周：冲兒，……來陪爸聊一聊，……，……今兒一整天，……發生了一些事，……我還不想睡！……

冲：爸，……媽，……要我出去一下，……爲她辦點事！

周：你媽，還沒睡嗎？

冲：還沒吶！……

周：他要你去辦什麼事？

冲：你不是把四鳳和魯貴，都遲退了麼？……媽，……不忍心，……要我給他們送點錢去！

……

周：給他們送點錢去！……嗯，……很好。……不過，……你不忙走，……陪我談談，……好嗎？

冲：爸，……有事嗎？

周：沒有事。……冲兒，……爸沒答應你的請求，……把你的學費，分一部份給四鳳，……讓她也受教育，……你不高興爸，是不是？

冲：爸，……四鳳都讓你辭退了，……還提他做什麼？

周：冲兒，……你是不是，……有點怕我？……

冲：爸，……太嚴肅了，……不像媽，……

周：爸……今天……覺得……自己老了，……你……知道麼？

冲：爸，……你怎麼突然，……問我這句話？

周：有一天，……你爸爸突然死了，……你怕不怕？……

冲：我怕。

周：……過些日子，我們就搬新房子去了，……你喜不喜歡？……

冲：我喜歡……這兒，……這兒……有我不少童年的回憶！……

（稍頃）

周：冲兒，……平時，……你對我……很少說話。……

沖：我覺得……爸很少親近我，……今天，找我聊天，……有點怪怪的！……

周：是嗎？……沖兒……你去吧！……時間很晚了！……

沖：是，……爸爸，……再見。（開門聲，遠去聲）

周：……我眞是個嚴肅的父親嗎？……

（音樂）

貴：侍萍，剛才，……我想喝茶，要你去買茶葉，……你爲什麼不去買？

魯：沒有閒錢！

貴：四鳳，……周公館多發給我兩個月的工錢呢？

四：連新帶舊，……一共有六十塊錢，……原想見了你，……就給你的，……誰知道，……一聽說，你被解僱了，趙三叔，追著要我還你的賭賬，媽當場就把那六十塊錢，全還給他了！……

貴：什麼？六十塊錢，全都還了賭賬啦？……

魯：嗯，……趙三說，……你這一回，算是還清了。……一毛也不欠他了。

貴：（嘆氣）……這……這是還賭賬的時候麼？……唉，……我的家，……就是這樣，讓你們敗了的！……

魯：無債一身輕，……有什麼不好？……這兒的家，……我打算不要了！……

貴：這兒的家，……你不要了麼？

魯：我想，……稍為清理一下，……大後天，……就回山東濟南去。……

貴：你回濟南，我跟四鳳在這兒，這個家也得要啊！

魯：這回，……我帶四鳳一塊兒走，……不叫她再跟著你，去伺候人！四鳳跟在我身邊，……比較放心。

貴：四鳳，……你聽見沒有？……你媽要帶你一起走？

四：（驚）媽，……您眞要帶我一起走？

魯：嗯，……媽不想，……再離開你了。

貴：不成，……這我們得好好商量商量！

魯：這有什麼要商量的，……你要願意去，……大後天，一塊兒走也可以，……只是在那兒，可找不著你那幫賭錢的哥兒們！

貴：我自然不會到那兒去，可是你要四鳳，跟你去吃苦嗎？四鳳跟著我，有吃有穿……見的都是場面人……她跟著你，……是活受罪。你問問她，是願意跟你，還是跟我！

魯：自然願意跟我了！

貴：你問四鳳啊！……四鳳，你過來，……聽清楚了，你願意跟我，留在這兒，還是跟媽，……到濟南去……你自已說，……我絕不勉強你。……

四：我……（爲難，傷心哭了起來）我……

魯：鳳兒，……你哭什麼？……

四：我想跟媽走，……可是，……

貴：她心裡的事我明白，……她捨不得離開這兒！……（暗笑）……對不對？

魯：鳳兒……你說好，願意跟媽走，……離開這兒，……怎麼，……又後悔了呢？你有什麼委屈，……你跟媽說……媽不怪你。……

貴：她在周公館家就慣了，……她跟你走，……不是去活受罪嗎？……再說，周家的兩位少爺，都喜歡她，……她怎麼捨得走呢？……

魯：鳳兒，是這樣嗎？……

四：（不知如何說）媽……

（大海腳步聲入）

大：媽。

魯：大海，你回來了？……車廠拉洋車的事，談成了嗎？……

大：他們要我去找個保人，……

魯：你有保人嗎？……

大：我會找到保人的，……媽，……我剛才在路上，碰見了張家大嬸！……我說，你打算……把這屋子裡的一部份傢俱賣掉，……她說，……她有熟人，可以給我們想法子，……

魯：那好……你陪我，一起去找張大嬸去，……我大後天，……就走了。……四鳳，你別走開，……我和大海出去一下，……就回來的！

四：是，媽。……

（音樂）

（青蛙叫聲，木梆聲、風雨聲）

（有人拉胡琴聲）

貴：這是誰呀，……十點多了，……還在拉胡琴！

四：一個瞎子，同他老婆，……每天在這兒賣唱的！……

貴：會有生意嗎？（胡琴聲遠去）……四鳳，你不說話，……一個人，在發什麼楞？

四：我沒想什麼！

貴：四鳳，……你是決定跟媽一齊走呢？……還是留下來跟我！……若是你眞跟媽走，……這兒，……就只剩我一個人了，……我是決不會到濟南去的！……

四：爸，你別說了，……我心裡亂得很，……

（閃電打雷聲）

貴：嗨，……又打雷了！……四鳳，……你還不去睡？……

四：我……在等媽回來！……爸，……你喝了不少酒，先去睡吧！……

貴：我不睏，（吟唱）「花開花謝年年有，……就是人過了青春，……就不會再來了，」……四鳳，……人活著，就只有兩三年好日子，……好機會錯過了，……就完了，……你知不知道？

四：我還有好機會嗎？……

貴：鳳兒，……周家的事，你不用擔心，有你爸在，……明天，我們還是可以回去上工的，……說實在的，你……放得下這樣好的地方，……還有周家……的那……些人麼？

四：爸，……你別再說酒話了，……我們被辭了，……還能回去上工？……

貴：鳳兒，你……得相信你爸，……當年，你還不是靠我，才能進周公館的，……你要跟著你媽走，……吃苦的，……是你自己，不是我！……

（外面傳來敲門聲）

貴：奇怪，……這麼晚了，還有誰會來？……

四：爸，您讓我去看看。……

貴：我來，……外面是誰呀？……

冲：（門外聲）請問，……這兒姓魯嗎？……我……姓周！……

貴：好像是二少爺的聲音，……

四：爸，……你說，……我們都不在家！……

貴：這叫什麼話，……你把屋子整理一下，我去開門。

（桌椅移動聲，開門聲）

貴：啊，……二少爺，這麼大的雨，……你怎麼找來了，……別見笑，……窮地方，……連個沙發也沒有，……你……隨便坐！

冲：這地方眞不好找，外邊還有一潭水，……進門的時候，我差一點，摔了一交！……

貴：四鳳，……發什麼楞，快拿椅子，給二少爺坐呀！

冲：四鳳，……怎麼？你不舒服嗎？……

四：沒有，……二少爺，這麼晚了，……你冒著風雨到這兒來，要是太太知道了，……會罵你的。……

冲：是我媽，……要我來的。

貴：是太太，要您來的？

冲：嗯，……我自己也想來看看你們。……四鳳，你哥哥和母親呢？

貴：他們有事出去了。

四：二少爺，……你怎麼知道這個地方？

冲：是我媽告訴我的，……這兒的路很滑，天又黑，……還有積水，……要不是我坐車來，……眞……會連門都摸不到。……

四：時間很晚了，……沒有什麼要緊的事，……你還是早點回家去吧！……

冲：媽……說，你們走得很匆忙，……她擔心，……你們一時找不到工作，……很不方便，特別要我送一百塊錢來……希望你們收下。

貴：四鳳，……你看太太多厚道，……到底是有錢的人家。

四：不，二少爺，……代我們謝謝你媽，……這錢我不能收，……你拿回去吧，……我們會找到工作的！

貴：鳳兒，那有你這樣說話的！太太好意叫二少爺親自送來，我們能不領情退回去嗎？……我收下了，二少爺……你回去跟太太說，……我們都挺好的，謝謝太太對我們的關心。

四：爸爸，……你怎麼收下了呢？……媽，一定不答應的！

貴：二少爺，……您大老遠跑一趟，……別急著走，……你跟四鳳坐下談談，我去給你買點好吃的，……吃了宵夜，才走。……失陪了。……（腳步離去聲）

（音樂過場）

四：（嘆一口氣）唉，……二少爺，你為什麼不叫底下人替你送來！……何必自己跑到這窮人住的地方來？

冲：四鳳，……你像是不願意見我來似的，……為什麼呢？……你還在抱怨……我父親把你們辭退了，是不是？

四：你哥哥，……打了我哥哥，別人又把我哥哥的頭，打得流血了，……你知不知道？……

冲：你千萬不要以為我哥哥……是仗勢欺人，……他現在很後悔，……你不知道他……他還是很喜歡你……希望你不要走，……要我去給爸求情，……可是，我爸不同意！

四：二少爺，你別說了，……我現在不是你們周家的佣人了。

冲：可是，……我們可以算是好朋友麼？

四：大後天，……我決定跟我媽一起，回濟南去。

沖：四鳳，……你不忙走，早晚，你同你父親，……還是可以回去工作的，等我們搬了新家，我父親也許又回到礦上去，……那時，你就回來，……我們又可以在一起了！

四：你，……想得太美了。……

沖：四鳳，你不要爲這點小事憂愁。世界大得很，……你讀了書，……就知道世上有許多人，都是忍受苦難折磨，……慢慢苦幹，最後得到幸福和快樂！（青蛙叫聲）

四：那些蛤蟆，……怎麼不睡覺？……深更半夜還叫個不停！眞煩人。

沖：四鳳，……你不要煩，你我都年青，……我們將來，一定要爲不幸的人謀幸福，……我眞恨這個不平等的社會，……什麼上等人，下等人，……我討厭我父親，……他就喜歡壓迫人，……我們都是受他壓迫的，……說眞的，我從來沒有把你當做底下人……你是我的鳳姐姐，……我們……未來的世界，不在這兒！……

四：不在這兒？……在那兒哪？

沖：有時候，……我想著……就忘了現在，……（夢幻地）忘了家，忘了你，忘了母親，也忘了我自己。……我想像在無邊的海上，有一條小帆船，白色的帆，張得滿滿地，……在海面上飛，向著天邊飛……天邊飄著白雲，我們坐在船頭，望著前面，……前面就是我倆的世界……

四：你說我倆，……是你和我嗎？……

沖：對，……你和我，……我們可以飛到一個快樂的地方，那兒，沒有爭執，虛僞，也沒有不平等，……四鳳，……你說好嗎？

四：你想得眞好，……會有這樣的地方嗎？

冲：會有這樣的地方，……假若你願意同我一起去，……就是帶著你的「他」，也一起去，

……都可以的！

四：誰？……誰是「他」？……

冲：你不是說，……你心裡……早已許給了他的那個人呀，……我想他一定也是很可愛的，

和你一樣！……（推門聲）

四：（發現大海）呀，……哥哥，你回來啦！……這是周家的二少爺，……你沒見過吧？……

……他是我的哥哥，魯大海！……

大：哦，……你就是周家的二少爺，……這麼晚了，……你還到我們這窮地方來做什麼？

四：哥哥，你不要這樣，他是好心好意來安慰我們。

大：少爺，我們用不著你來安慰，我們生成一付窮骨頭，用不著你半夜來到這兒安慰我們。

冲：你一定是誤會了！

大：我一點兒也沒有誤會，……這兒沒有旁人，只有我妹妹在，……你在這兒，是什麼意思？

冲：我沒想到，……你這麼想！

大：現在，……我請你馬上出去！……

四：哥哥！……

大：（大聲）出去，……離開這兒！……你沒聽見嗎？……

（音樂）

周：什麼？……這麼晚了，……萍兒你還要出去！

萍：爸，……我……有點事，……今晚非出去不可，……明天，……我就到礦上去了！……

周：萍兒，……這幾天，……我住在家裡，……發現……你……很不正常。

萍：不正常。

周：你很少和我說話，……也很少和你媽說話，……天天一個人躲在你書房裡喝悶酒，……你……是不是有心事？……

萍：爸，……我沒有心事。

周：我看得出來，……你有心事，……我活了這麼一把年紀，……你的神色不對，……難道，我還看不出來。……

萍：爸，你別瞎猜，我沒有心事。

周：那我問你，……你在這兒，舒服日子不想過，……怎麼突然，……請求要到礦上去呢？……礦上，……每個人，都要幹活，……可不像在家裡，有佣人伺候你噢！……

萍：我……不小了，……總該……做一些正經事！……

周：嗯，……你是不小了，……你知道，今年幾歲了？

萍：廿八歲，……再過兩年，……就卅歲了！……

周：快卅歲了，……像你這樣的年紀，……很多人都已結婚……生子，做了爸爸了，……你卻東挑西揀的，……誰也看不上，……

萍：爸，……眼前，……我還不想結婚！……

周：你別以爲，……你做的事，……我在礦上，不在家，什麼都不知道，……你的一舉一動，……我清楚得很！……

萍：我沒有做什麼事啊！……（心虛否認）……

周：這兩天，……有人向我報告，……說……你在家裡……很不規矩！

萍：爸，……你聽誰在胡說？……

周：大丈夫做事，……就要敢做敢當！……

萍：（驚惶失色）爸！……

周：公司的人說，……你總是在跳舞場裡鬼混，……尤其是……最近這三個月，大概是你母親也管不住你，喝酒、賭錢、……整夜都不回家！……有沒有這回事？……你給我說實話！……

萍：爸，……（鬆一口氣）……我……心情苦悶，……才這樣的！……

周：萍兒，快卅啦，……三十而立，……應當「自愛」，……你忘了，……爲什麼你的名字叫萍嗎？

萍：是因爲……我母親叫侍萍，……

周：你還記得你母親的模樣嗎？……

萍：母親死的時候，……我才一歲，……我怎麼會記得，……只是我看過她的照片！……

周：萍兒，……我告訴你，……你的母親，……並沒有死，……她現在還活著！

（音樂升起）

萍：什麼？……我母親還活著？……她沒有死？……

周：卅年前，……她是離家出走，……再也沒有回來，……我才騙你說，她已經死了，……

那是不得已的！……

萍：那我母親……現在在那兒？……我要見她！……

周：她……（欲言又止）……已經……另外嫁了人，……她不方便……再和你見面了！

萍：哦！……

周：這麼晚了，外面雷雨交加，……你說要出去……有什麼重要的事嗎？……

萍：我去見一個朋友，……和她話別……因爲明天一早，……我就走了。……

周：穿上雨衣去吧！……記住，……早點回來。……我這兒有雨衣，……你穿正合適。

萍：是，……謝謝爸爸，……我走了！……

（風狂雨急中，音樂起）

（魯貴自外拿了不少東西進入）

貴：唷，……二少爺，……你怎麼要走了呢？……喏，你看我給你買了不少酒菜，點心，……

……還有水果，……來，坐下，……喝兩盅……再走。

沖：魯貴，……我要走了，……時間也不早了。……

貴：別走，……二少爺，你是我們家的貴客，……來了，……怎麼，……急著要走呢！

四：爸，……是哥……要他走的！……

貴：關他什麼事，……來，……別走，……我是這家的主人，……

大：四鳳，……你爸從那兒弄來的錢，買這些點心、……酒菜。

貴：我化自己的錢，……你管得著嗎？

四：這是周家的錢，……爸，你又胡花了。……哥，剛才太太要二少爺送給媽一百塊錢，……

……媽不在，……爸就收下了。

貴：人家二少爺親自送來的，……我不收，還像話嗎？

大：哦，……你是給我們家送錢來的？

四：你現在才明白！

貴：你看，……人家周家，……對我們都好。……

大：你把錢給我！

貴：幹麼要給你？

大：你給不給？……（聲色俱厲）……我要還給他們，……我不需要他們的臭錢！……你……

……把錢給我！……

貴：好，……我給，……不過，……我已經花了十塊！……這九十塊，……怎麼還？

大：我口袋裡，……還有剩十塊錢，……（找出一些銀元、角子叮噹聲）喏，二少爺，……你把錢拿回去，……窮要窮得有骨氣！我不需要你們周家可憐我們！

冲：你這人，……眞怪，……這一點人情，都不接受！

大：對了，……我不接受你們這種虛僞的人情，……好了，錢還給你了，……你……可以給我走了！

四：哥，……別這麼兇，好不好？

大：你還不滾，……快滾出去！

冲：好，……我走，……我錯了，……我……看錯了人。……

大：我告訴你，……以後，你們周家，無論那一個來，……我就照樣，打得他頭破血流，不管他是誰！

冲：我想，……我們周家，除了我，不會再有人像我這麼糊塗的！……

貴：大海，……你眞是太過份了！……

四：二少爺，……外面太黑了，我送你出去，……別不小心摔交了。……

（開門聲，風雨交雜聲，腳步聲遠去）

大：媽，……你回來啦！……你知道嗎？……周家二少爺來了！……給我趕走了。

魯：嗯，……我遠遠看見，……有一輛洋車在附近，我不知道誰來，……所以，沒立刻回來。

大：周家的太太，……大概，……心裡有點過不去，特派他來，……給您送了一百塊錢來，……可是讓我給退了回去！

魯：不用她給錢，……我會帶女兒，……很快就離開此地的！

貴：哼，……你們……都是……不用錢的！……我……睡覺去了。（腳步聲離去）

大：媽，……你要帶四鳳一起走？

魯：嗯，……原本想大後天才走的，……現在，……我改主意了，決定……明天，就帶她走，……免得那二少爺，又來糾纏不清！

大：好極了，……剛才我回家的時候，看見四鳳跟那位二少爺，……就兩個人在屋裡談天。

魯：他們談些什麼？

大：我不知道，……看樣子，兩人很親熱的樣子！

魯：哦！……這個糊塗孩子，……但願沒做出糊塗事來！

大：媽，你見著張大嬸了？……

魯：嗯，……賣傢俱的事，……也已經談妥了。……

大：媽，……你睡覺吧，……我去拉洋車去了，……不回來了！……

魯：大海，……你是不沒有錢用了？……媽這兒有錢！……

大：不，……你留著自己用吧！……我走了。（離去聲）

（音樂）

魯：四鳳，……

四：媽，……您回來啦！

魯：我看你忙著送周家的二少爺，……大概沒看見我。

四：二少爺，是太太……要他送錢來的，一百塊錢，……爸收了下來，……去買了不少點心、酒菜，要留他吃宵夜，……結果，……大海回來，……逼著爸，把錢全數退回給二少爺了。……

魯：我聽你哥哥說，……你們兩個人，在屋裡談了不少的話，……你們談了些什麼？

四：沒有談什麼！……一些平平常常的話。

魯：鳳兒，眞的？

四：媽，……你聽哥哥說了些什麼話，……哥眞是一點人情也不懂！

魯：（嚴肅地）鳳兒，……把你的手給我，……你看看我，……我是你的媽，是不是？……

四：媽，……你怎麼啦？

魯：媽，是不是頂疼你？

四：媽，……您怎麼啦？……怎麼突然說這樣的話！

魯：我問你，媽是不是天底下，最可憐，沒有人疼的一個苦老婆子。

四：不，媽，……你別這樣說話，我疼媽！

魯：鳳兒，那我求你一件事。你得告訴我實話，……周家的少爺，……究竟跟你……怎麼樣了？……要不，太太不會我一回來，……就要你……離開周家！……

四：媽，……沒什麼，……眞的一點兒也沒什麼！

魯：你聽，……現在外面打著雷，……媽是個苦命的女人，……我希望我的女兒，……在這些事上，……不能再騙我！

（遠處有打雷聲）

四：媽，……我不騙你，……我不是跟你說過，……這兩年，——

（隔房魯貴叫：「侍萍，快來睡覺吧，不早了。」）

魯：別管我，……你先睡就是了。

（貴：「那我先睡了」）……

魯：四鳳，……你說，……這兩年，……你在周公館……怎麼不說了呢？……

四：我聽媽的話，……這兩年白天在周家做事，……天天晚上回家來睡覺的喲！

魯：孩子，……你可要說實話，……別騙媽！

四：（傷心抽咽地說）媽，……您爲什麼不相信自己的女兒，……媽，（抱著媽哭了起來）

魯：（也難過）鳳兒，可憐的乖女兒，不是媽不相信你，……媽實在是太愛你，生怕外人欺負了你。……（沉痛地）我太不敢相信世界上的人了。傻孩子，你不懂媽的心，媽受的苦，多少年是說不出來的，……（哭泣著）……

四：媽，……你受的苦，……我明白！

魯：你不會明白的，……媽，……就是年輕的時候，沒有人來提醒，可憐，——媽……就是一步走錯了，步步都錯了。……多少年過去了，鳳兒，媽就生你這麼一個女兒，我不希望我的女兒，再像她媽似的，走錯了路。人的心是靠不住，會變的。……人性太可怕了，……它容易變的，……你知道嗎？……

四：媽，……我知道。

魯：孩子，……你是我活在世上唯一的寶貝，你疼媽，……你要是再騙媽，那就等於殺了我了，……我苦命的鳳兒！……

四：不，媽，……我沒有騙你！……

魯：鳳兒，……我在這兒一天，……就躭心一天，……我們明天就走，……離開這兒，……永遠不回這兒來了。

四：媽，……不是說大後天，才走嗎？……

魯：我改主意，……我決定，走得越快越好！……

四：媽，……走了，眞的，永遠不再回來了嗎？

魯：孩子，……你還是想回來？……你不想跟媽一起走了？

四：（嘆一口氣）媽，……我……願意跟你走，……只是——

魯：孩子，……你一定有什麼事瞞著我。

四：媽，……沒有什麼！

魯：好孩子，……你記住媽剛才跟你說的話了嗎？

四：記住了。

魯：鳳兒，……我要你永遠不見周家的人。

四：好，媽。

魯：（沉重地）不……光是答應，……媽，……要你起誓！

四：哦，……何必呢！

魯：不，……你要給媽起誓！……（嚴肅地）……你說呀！

四：（不想起誓）媽，……你一定要我起誓嗎？

魯：（哭泣地說）鳳兒，……你眞要媽傷心嗎？……你忘了，兩年前，……你得了急性肺炎，……差一點死去，……是媽三天三夜不睡，照顧你，……才……救回了你的一條命，……現在，媽，……求你起個誓，……你也不願意麼？

四：媽，……你別難過了，我說就是了。……

魯：媽……要你跪下，起誓！

四：跪下，……好，……我跪下起誓。……（跪地聲）……媽，……我答應你，……以後，……我永遠不見周家的人。

（雷聲轟隆響著）

魯：孩子，天上在打雷，你要是忘了說過的話，再見周家的人呢？

四：媽，我不會的！

魯：不，……你要起誓……假若你忘了答應媽的話！

四：（哭泣，忍著極大的悲苦說）那——就讓天上的雷劈了我！

（閃電霹靂一聲巨響，雷打了下來）

四：哦，……我的媽啊！……

魯：（抱著女兒大哭）哦，……可憐的孩子，媽不好，媽造的孽，……媽對不起你，……原諒媽，……要你起誓，……你起來吧！……老天，……他聽見了，……你起的誓。

（音樂）

（風雨聲中開門聲）

周：沖兒，……你回來啦！……

沖：爸，……很晚了，……你還沒睡？

周：我大概喝了那很濃的普洱茶，……睡不著。……你媽要你送去的錢，……四鳳的媽，收下了嗎？

沖：四鳳的媽不在，……四鳳的爸，……魯貴……原本收下了，……可是後來，……那魯大海回來了，……說什麼，他不要收我們周家的錢……他說窮要窮得有骨氣，……他不需要我家可憐……他們，……把錢退回給我，還要我滾出去，……這個人，……真太兇橫，……一點……人情味也沒有！……

周：世界上，……有一些人，……是蠻不講理的！……冲兒，……你知道，你媽……到那兒去了嗎？……她……不在樓上，……把門鎖了，……不知跑那兒去了！

冲：是嗎？……我去看看，……也許，她在屋裡，睡著了！

周：門是外鎖的，……怎麼會在屋裡睡覺，……這麼大的雷雨，……她一個人，會跑那兒去呢？

冲：我去找她開門！（上樓聲、敲門聲）媽，……你睡了嗎？……我把錢送去了，……可是，他們不收，……又拿回來了，……

周：冲兒，別管她了，……你去睡吧！……

冲：奇怪，……媽會到那兒去了呢！……爸，……哥呢？……他也不在家？

周：……他明天，……一早就走了，……他說出去，……和一個人話別！……

冲：和誰話別？……

周：他沒有說！……我也沒有問他！……大概是些吃喝玩樂的朋友吧！……冲兒，……別管閒事，……快去睡吧！

（音樂）

（風雨聲中，突然有狗叫聲）

四：十一點了，……是他來了嗎？……

（口哨聲，……）

四：啊，……是萍……在吹口哨！……

（敲窗戶聲）

四：他來了，……我要不要見他呢？……

（繼續敲窗聲，狗叫聲）

四：窗外是誰？

萍：你……忘了，……我說好十一點，……要來看你的！

四：我……要你別來了，……你來……幹什麼？

萍：鳳，……把窗戶打開，好嗎？

四：萍，……我現在不能見你。……

萍：這是你心裡的話麼？

四：我媽在家裡，……她不要我再見……你們周家的人。

萍：別瞞我，……你媽已經睡了。……

四：我……已經發了誓，……不再和你見面了！……

萍：爲什麼呢？……你打開窗戶，……讓我見一見面，……也不可以嗎？

四：我哥哥……恨透了你，……他會把你趕出去的！

萍：我……知道，……他出去了，……不在家。……鳳，……我有很重要的事，……要告訴你，……

四：什麼很重要的事？……

萍：你把窗戶打開，……我才可以告訴你啊！……

四：你先說了，……我才把窗戶打開。

萍：你知道嗎？……我父親跟我說，……我的親生母親，……她沒有死，……她……還活著！

四：什麼？……你……媽，……並沒有死？……（打開窗戶聲）……她現在那兒？

萍：我……很想見我媽一面，……可是，……我爸說，……她已經另外嫁了人，她不方便，……再和我見面了！……

四：你還記得……你母親的長相嗎？……

萍：不記得了，……不過，……我見過我媽年輕時候的照片，……她長得和你很像！……外面下著雨，……你讓我爬窗子進來好嗎？

四：不……你不要進來，……我已經脫了外衣，……準備睡覺了！……你爬窗子進來，……給別人看見，……很不好！……

萍：外面一片漆黑，……不會有人看見的！……鳳，……明天，一早，……我就走了，……再也見不著你了。

四：萍，……我求你，……別進來，……好不好，……你要告訴我的事情，……已經說了，……還有什麼要說的呢？（關窗戶聲）

萍：鳳，……別把窗子關上，……我只求你……叫……我親一回，……親了，……我就走！

四：（苦痛地）大少爺，……這兒不是你的公館，……求你饒了我吧！

萍：你……已經把我忘了，是不是？……（推窗子聲）

四：對，……我決定把你忘了，……（又關上窗子聲）你快走吧！

萍：剛才，……是不是我弟弟來過了？

四：嗯，……他來了，……又走了。……

萍：（尖酸地）怪不得，……你現在……對我這麼冷冰冰的了。……

四：你不要說這樣的話，……你明明知道，……我是不喜歡他的，……

萍：哼，……我看，……你已變了心！……心裡已經沒有我了！

四：誰說我變了心！

萍：那你爲什麼不把窗戶打開，讓我進來，你難道不知道，我是眞心愛你麼？……沒有你……

……我就不想活了！……（敲窗子聲）……

四：大少爺，……你別再纏我好不好，……今天，你替我們家鬧出許多事，……你還不夠麼？

……

萍：算我錯了，……不該……打了你哥哥，……讓你和你的父親，……給辭退了，不過，……

……我現在要見你，……和你話別，……這總不算錯吧！

四：好，……那……明天再說吧，……明天我依你，什麼都成！

萍：明天，……一早我就搭早車走了，……

四：你走吧，……把我媽吵醒了，……就麻煩了，……

萍：（嘆息）……好吧，……我走了，……我眞的走了。……

（腳步聲遠去，停了半響）

四：哦，……他終於走了，……我再也見不著他了！……（打開窗子聲）……關了窗子實在悶熱！……（驚叫）什麼？……萍，……你根本就沒有走！

萍：（爬窗子進入聲）別攔著我，……這一次，……你再也趕不走我了。

四：（無奈）嗨，……說了半天，……還是讓你進屋來了。……啊，……你全身都被雨淋得濕透了，……什麼？……你臉上流著血！……怎麼會這樣？

萍：我爲了找你，……剛才在路上摔了一交，……才流的血！……爲了見你一面，我什麼都顧不得了，……四鳳，……你爲什麼躲在屋裡，……不肯和我見面呢？……鳳，……你一點也不心疼我嗎？……

四：我在我母親面前發過誓，……說以後，……再也不和你們見面，……要不天上的雷電，會劈了我！……

萍：爲什麼你媽，……不要你和我見面呢？……

（雷聲大作）

四：啊！……天上在打雷了，……快把窗戶關上。（關上窗戶聲）

萍：鳳，不用害怕，……有我在保護你！……

四：啊，……你臉上，還在流血，……我給你搽紅藥水，……（開抽屜聲，找藥品聲）……好好包紮一下。……

（又有狗叫聲）

（窗外傳來太太嘆氣的聲音）

四：萍，……你聽，……窗外……像是太太嘆氣的聲音！

萍：……太太嘆氣的聲音，……這麼大的風雨，……她跟在我後面，……也來了嗎？……不可能的！……

太：（窗外哀懇地）……萍，……你……好狠，……你眞的，……把我忘了嗎？……

四：好像，……眞是太太……的聲音！……

（敲窗子聲）

萍：別管她，……

四：哦，……我怕！……抱緊我！……（閃雷聲）……萍，……我怕極了，……

（一聲巨雷狂風把窗子吹開了）

四：啊，……窗子被風吹開了！……

萍：（駭極）……什麼？……眞是她……站在窗外，……渾身被雨淋著，……像個僵屍，……一動也不動！……鳳，……快把窗子關上，……（急）把窗子關上呀！……（關窗聲）……

太：（慘笑聲）哈……哈……我全看見了，……你……還怕我看見嗎？……哈……哈……（淒慘的笑聲……漸漸遠去）

（音樂）

萍：鳳，……你知道，……你媽叫什麼名字嗎？

四：我媽……叫侍萍呀！……侍是人字旁，加上一個寺廟的寺，……萍，……就是和你一樣的萍？

（緊張音樂升起）

萍：什麼？……你媽的名字，……也叫侍萍！……你知道……我媽的名字，也叫侍萍，……我的名字叫萍，……就是我媽……給我取的！……

四：這麼巧，……怎麼你媽……也叫侍萍？……

萍：會不會……你媽，……就是我媽，……她們是同一個人？

四：我想……不會吧，……同名同姓的人，多的是！……

萍：但願……不是同一個人，……要不然，……我們不就變成了兄妹嗎？

四：萍，……你還是回去吧，……再不回去，……天都要亮了。……

萍：不，……鳳，……我眞不想離開你……

（突傳來隔壁敲門聲）

四：啊，……好像有人回來了！……

大：媽，……快開門哪！……

魯：怎麼？……是大海嗎？……（開門聲）你怎麼又回來了呢！

大：今晚的雨，……下太大了，車廠的房子倒塌了，……我就只好回家來了，……

四：糟了，我哥哥回來了，他若看見你在我房裡決不會輕易放過你，萍，……你快跳窗逃走吧！

（搖動窗子聲，但搖了一陣，窗在外面關上了，怎麼也打不開！）

萍：奇怪，……這窗子，……在外面，……被人關上了，……說什麼也打不開！

四：我來試試看！（推拉了一陣聲）……真被人關上了，……那會是誰呢？

萍：奇怪，越急越打不開！……

四：萍，……別開窗子了，……你先去床後面躲一躲！……

（忙亂躲藏聲）

（敲門聲）

魯：四鳳，你還沒睡吧，……快開門，……你哥哥回來了，……讓他進來，拿床被子，……讓他在外屋打個地舖！……

四：媽，……我已經睡了，……等一等，……讓我來拿噢！……（對萍）你怎麼又出來了呢？

萍：床後面，……沒地方躲，……一進門，就看見了！……

四：那……你……先躲床底下去！……

（又敲門聲）

大：四鳳，……你怎麼不來開門呢？……

四：來了，來了……（慌亂躲藏聲）快藏起來，……我要開門了。……

大：媽，……屋子裡好像有人。

四：（開門聲）媽，……哥的棉被在這兒，……你拿去吧！……

大：床底下藏的什麼人？……你給我出來！……（爬出來的聲音）

魯：你……是誰？……啊……你不是……萍……少爺嗎？……你怎麼進來的？

大：好呀，……冤家路窄，……你落在我的手上了，……你還想逃？……

（二人在屋內追跑聲，碰到桌椅聲）

魯：四鳳，……你跟媽……發的誓，……你都忘了嗎？……

四：媽，……

大：你跑不了了！……（抓住掙扎聲，打兩耳光聲）我也讓你嚐嚐挨揍的滋味，……

魯：大海！……別打了，……你放了他！……你……不放，……媽……就……死在你面前！

……

萍：四鳳，……你先跑！……（四鳳奔出聲）

大：四鳳……跑了！……

魯：去追呀！（對萍）萍……少爺……你還楞著不跑？……

（萍開門聲，奔走聲）

大：媽，……您怎麼放他跑了呢？……你不知道，……他就是周家的大少爺嗎？……

魯：外面的河水漲了，……我擔心鳳兒，……會去跳河，……大海，……快去追四鳳回來啊！

……

大：是的，……媽！……（追出聲）四鳳，……四鳳……

（風狂雨急聲，又是一聲巨雷）

（音樂聲起）

報幕：各位聽衆：風狂雨急聲中，……魯嫂和大海會找到四鳳嗎？……「雷雨」後面的情節，如何發展下去呢？希望你下週同一時間，收聽「雷雨」的最後一集，完結篇。

（音樂，加上打雷聲）

——第三集劇終——

雷雨（第四集）

原著：曹　禺
編劇：姜龍昭

時、地：同前

人：周樸園──同前集（周）
周蘩漪──同前集（太）
周　萍──同前集（萍）
周　冲──同前集（冲）
魯　貴──同前集（貴）
魯侍萍──同前集（魯）
魯大海──同前集（大）
魯四鳳──同前集（四）

（雷雨交加聲，音樂起，劇名，演職員報幕）

報幕：各位聽衆：「雷雨」的戲，在雷雨交加的晚上，進入了高潮，四鳳因爲怕被母親責罵，自家中逃了出來，她的母親深怕她輕生投河自殺，四處的尋找著，……而周家的大少爺，……也在魯家慌張的逃了出來，……這時，……親眼看見周萍與四鳳在屋內幽會的蘩漪，……則已傷心的回到自己家裡來……

（開門聲）

太：樸園，這麼晚了，……你還沒睡，……一個人……在客廳……幹什麼？

周：我沒幹什麼，……蘩漪，……你上那兒去了？……快把雨衣脫下來吧，……你看你渾身上下，……全都濕透了，……你的頭髮，……也淋濕了，……拿毛巾擦一下吧，……要不然，……會感冒生病的！……

太：啊……樸園，……你還這麼關心我嗎？……（擦拭聲）……

周：深更半夜，……又下了這麼大的雨，……你把房門鎖了，……究竟上那兒去了呢？……冲兒……四處找了你很久，……都沒找著。……

太：（平淡地說）……我……隨便出去走走！……

周：你一個人……出去走走！……你沒瞧見外面在下著雨嗎？

太：雨中散步，……才有意思啊！

周：啊，……你有病呵，大雷雨的天，……你去散步？

太：嗯！……我是有病，……我有「神經病」！

周：我問你，……你剛才，究竟上那兒去了？

太：（厭惡地）你不用管我，……

周：你瞧你的衣服……都濕了，……還不快去換一件。

太：我心裡……一團火，……渾身發熱，……我去外面冰一冰。

周：別說這些胡話，……你剛才……到底……是上那兒去了？……

太：……我……在你的家裡！

周：在我的家裡？

太：（微笑）嘻……我在花園裡賞雨！……

周：賞了一夜晚的雨？

太：嗯，……也淋了一夜晚的雨。

周：……那……你也累了吧，……蘩漪，……你上樓休息去吧！……

太：不，……我還不想休息！……（突然發現）樸園，……你手上拿的什麼東西？……又是那個女人的照片！

周：是萍兒母親的照片。

太：她不是早死了嗎？……死人的照片，有什麼好看的！給我看。……

周：那個時候，……她……很年青，……又聰明，……又溫柔，……

太：怎麼？……你現在還在想著她？……

周：把照片給我，……你上樓睡覺去吧！……

太：奇怪，……這麼晚了，……你一個人，在客廳，不睡覺，……卻看這照片！

周：過幾天，……就搬新家了，……我怕掉了。

太：不會掉，……你放心，……把它放在桌上，……我替你守著她！

周：不要裝瘋，……我看你……「神經」眞有點不正常。

太：我是瘋了，……你用不著替我擔心！

周：蘩漪，……你上樓休息去吧！

太：我還不想睡……

周：克大夫說，……你的病不輕，需要靜靜地休養，……少說話。……明天，……他還會來，……我已經給你請好了！……

太：謝謝你的好意，……明天？……哼，……明天，……我的病，……也許更嚴重了，……你要睡，你去睡吧！……我要在這兒靜一靜！

周：好，……我不勉強你！……

（門推開聲）

周：啊，萍兒，……你回來了！

萍：爸，……媽，……你們都還沒睡？……

周：你臉上怎麼啦？……流血啦！

萍：方才在路上，……不小心，跌了一交，……不要緊，……只是擦破了點皮，……擦了紅藥水，不礙事的！

周：難怪，……你去了這麼久，……現在才回來。

萍：爸，……你不是給我寫了封介紹信嗎？寫好了嗎？……我去那兒報到，……要帶去的！

周：信，……我已替你寫好了，放在書房桌子上，……蘩漪，……你去給萍兒拿來好不好？

太：好，……我去拿，……（腳步聲走開）

周：萍兒，……你媽……今天怪怪的，……一個人出去淋雨，……說是心裡一團火，渾身發熱，……要出去冰一冰，……才回來，……雖是穿著雨衣，渾身都濕透了，……我看她的病，……眞是越來越嚴重了。……

萍：哦，……她也才回來！

周：這麼晚了，她還不想睡，……回頭，你先陪她上樓去，……要陳媽好好伺候她睡覺，……

……

萍：是，爸爸！……

周：我眞擔心她……怎麼會這樣，……準是受了什麼刺激，……誰會給她刺激打擊呢？……

萍：爸，……你不要把事情，看得太嚴重，……過一陣子，……她自然會好的。

眞令我想不通！……

周：萍兒，……我老了，……我只願意，家裡平平安安的！……今天，……白天發生的那些衝突，……眞讓我心力交瘁，……但願，……一切過去了，……再也不會有什麼風波！

……

太：（腳步聲出）信找到了，……萍兒，……你拿去吧！……

萍：爸，……

周：什麼事？……

萍：本來，……我打算明天早車走的，……現在，……我改變了主意！

太：你突然，不想走了，是不是？

萍：不，……我忽然想起……今晚半夜三點半，有一班夜快車，……我預備現在就走！

周：現在就走？

太：怎麼？……心裡就這麼急嗎？

萍：是，母親。

周：外面下著大雨，……半夜走，不大方便吧？

萍：半夜走，明天，天亮後，就到了，……這樣找人方便些！

太：在家，多躭幾個小時，不好嗎？

萍：早走、晚走，……還不都一樣！

周：也好，隨你，……太晚了，……我上樓先睡了！……（上樓聲）

（稍停半晌）

太：（陰沉地）……一刻也留不住你，……你……眞的，一定要離開這個家，走了？

萍：嗯！

太：我去書房拿信的時候，父親對你說了些什麼？

萍：他說，要我陪你上樓去，……要陳媽好好伺候你睡覺。

太：（冷笑）哼，……他應當叫幾個人把我拉上去，……把我關起來。

萍：你這是什麼意思？

太：他說，……我是「神經病」，……「瘋子」，……他要你這樣看待我……他要什麼人，……也都這樣看待我！……

萍：你……何必這樣想呢！

太：哼，……你也虛情假意，在敷衍我，……我從你們的眼神，看得出來，……你父子倆，……都願意……我早一點變成「瘋子」。……偷偷地，在我背後說冷話，……笑話我，……更在我背後計算我！

萍：你……不要神經過敏！……誰要計算你，……我……送你上樓去！

太：（高聲）我不要你送，……走開。……我用不著你父親偷偷地，背著我，……叫你小心，……送一個「瘋子」上樓！

萍：你不想上樓？……那……我收拾東西去了，不陪你了。

太：萍，……今天晚上，……你……還是上四鳳家去了！

萍：嗯，……我是去了！……你不也親眼看見了麼？……你要怎麼樣？

太：不怎麼樣，……我只是……問你，……你走了以後，……預備把她怎麼樣？……你說呀！

……

萍：以後，……我決定「娶她」！

（音樂驟然升起）

太：娶她？……和她結婚？

萍：嗯！

太：你父親同意嗎？

萍：……到那時再說。父親說我年紀也不小了，……該結婚了！……

（沉默半晌）

太：萍，……我現在給你一個機會！……如果，……你今天不走，……你父親那兒，我可以替你想法子！

萍：不必，……這件事，我認爲光明正大，男大當婚，我可以跟任何人說，……四鳳，……她身家清白，不過，……就是窮了點！

太：做事，不要不考慮後果，……我問你，……萍……

萍：你……想說什麼？

太：你知道，……你走了以後，……我會怎麼樣？

萍：不知道。

太：你看看你的父親，你難道想像不出？

萍：我不明白你的話。

太：你……眞的不知道嗎？……你可以用頭腦，仔細的想一想！

萍：怎麼講呢？

太：第一、那位德國醫學博士克大夫，……會天天來給我看病，天天逼著我吃藥，吃藥，……（激動地）慢慢地，……伺候我的人，一定會一天比一天多，……守著我，像個怪物守著我，……說我神經有病，……隨時隨地會發病！

萍：你不要這樣胡思亂想，好不好？

太：那些人，漸漸學會了你父親說的話：「小心、小心點，……她有點瘋病」，……到處有眼睛看著我，在我背後，低聲說話，……嘰咕著，不讓我聽見……慢慢地，誰也不敢見我，……最後用鐵鏈子，把我鎖住，……我眞成了「瘋子」了！

萍：你想得太多了，……不可能這樣的，……我得走了。……

太：別走，……萍，……你……聽我把話說完，……難道，……一點也無動於衷嗎？……

萍：你自己要這麼想，……我有什麼辦法？

太：萍，……你忘了，……我們曾經好過！……難道，過去，……你對我說的那些甜言蜜語，……如今，……你有了新人，……就忘得一乾二淨了嗎？……

萍：過去的事，……還提它做什麼！

太：（哀怨地）好，不提，……不提。……只是，萍，這一次我求你，最後一次求你。……

我從來不肯對人這樣低聲下氣說話，……現在我求你可憐可憐我，……在這個家，……你走了，……我再也忍受不住了。……你父親折磨我，……控制我，……我受的罪，你都看見過。……以後，不是一天，是整月、整年地折磨我，……一直到我死，才算完。你的父親厭惡我，……表面上卻關心我。……他知道我明白他的底細，他怕我，他希望人人看我是怪物，……是神經失常的「瘋子」……

萍：好了，……你別說了。

太：我沒有親戚、沒有朋友、沒有一個可信託的人，……我現在懇切的求你，先……不要走。

萍：不，……我非走不可。

太：既使你眞要走，……你帶我也離開這個家！

萍：什麼！……你在胡說什麼？

太：不，不，……不是胡說，你帶我走，帶我離開這兒，……以後，甚至於，你要把四鳳接來，一塊兒住，我都不反對，……只要，……你不離開我！

萍：（半晌）我——怕你眞的瘋了！

太：不，……你不要這樣說話，……只有我明白你，……你心裡想什麼，我都清楚，……萍，你過來呀，……靠近我一點，……（笑）……你……怕什麼？

萍：（狂怒、急）哦，……我不要你這樣笑，……這樣，淫蕩的笑！……哦……我恨，……我恨我自己，爲什麼要活著！

太：你怕我拖累你麼？……我知道，我活不到幾年了。

萍：你我這種關係，誰聽了都厭惡，……你明白，我每天喝酒麻醉自己，爲什麼嗎？……我恨，恨我自己！……恨我曾和你好過！……

太：我都不這樣想！……萍，……你……如果現在聽我的話，……不離開家，……我可以再叫四鳳回來的！

萍：你說什麼？

太：叫四鳳回來，……還來得及的！

萍：你還是上樓睡覺去吧！……

太：你……不要四鳳了？……，剛才，……我親眼看你，在四鳳家，……打雷的時候，兩人還緊緊的抱在一起，……唉，……怎麼現在又不想四鳳回來了呢？……（哀怨的嘆氣聲，與在四鳳窗外的嘆息聲一個樣）……

萍：四鳳家的窗子，……是你在窗外關上的，是不是？……

太：是我關上的，……讓你們的親蜜樣子，不讓別人看到，不好嗎？……

萍：……你眞是我想不到的一個怪物！

太：你說，我是怪物？

萍：你是一個瘋子！……

太：瘋子！……（陰笑）……哈……哈……

萍：我再也不想看見你！……再見。……（腳步聲開門聲走出）

太：（絕望地）哦，……完了，……一切……都完了……

（音樂）

（門輕輕推開聲）

太：誰？……

貴：太太，……是我，魯貴，……您好。

太：魯貴，……這麼晚了，……你來做什麼？……你不是讓老爺辭退了嗎？

貴：太太，……我是專程……給您請安來了，……我在門外，等了老半天了，方才你跟大少爺……在談話，……我……（假笑）……就沒敢進來。

太：你來，想做什麼？

貴：我原先是想來給太太您報告，說大少爺，……今晚上大概喝多了酒，跑到我們家去找四鳳，……現在，……太太既然也去了，……那我就不用多說了！……

太：那你……想怎麼樣？

貴：我想見見老爺。

太：老爺已經睡了，你要見他，有什麼事嗎？

貴：也沒有什麼，要是太太願意辦，……我不找老爺也可以。……都看太太要怎麼樣？

太：你說吧，……可以的話，……我願幫你的忙。

貴：太太願意幫我的忙，……那就大家都省事，……我們只是求太太，……還賞碗飯吃！

太：你……還想回來，是不是？……

貴：是呀！……

太：好，……我答應你，……讓你和四鳳再回來！……

貴：謝謝太太，……只是什麼時候呢？……太太，賞個準日子吧！

太：等我們搬了新家，……行嗎？……

貴：謝謝太太恩典。……太太，……您不是叫二少爺，賞給我們一百塊錢麼？

太：嗯！

貴：可是，都讓我那不懂事的兒子大海，……給退了回去！……

太：是嗎？

貴：我的侍萍，……她也許還不知道呢？

太：（一驚）侍萍？……誰是侍萍。

貴：侍萍，……就是我家裡的，……也就是四鳳的媽！

太：你是說魯嫂，……她叫侍萍？

貴：她唸過些書，……名字很雅氣的。

太：「侍萍」，……那兩個字，……怎麼寫？……你知道嗎？……

貴：我……（爲難地）……我記不得了，……反正那萍是跟大少爺的名字是一樣的！

太：會不會……跟老爺過去的太太，長得很像？

貴：老爺過去的太太，不是死了嗎？……那照片很年輕、漂亮、……我家裡的、……可是個黃臉婆，……不能比的。

太：對，……不能比的！……

貴：太太，……你要二少爺賞我們的一百塊錢，……我們大海……把錢退回給你了吧？……

太：剛才……我不在家，……回來的時候，……二少爺已經睡了！……

（屋外有聲音傳來）

太：魯貴，……你去小客廳看看，……我好像聽見……有人在那兒走動。……

貴：是，……我這就去看一下。……

（音樂）

貴：（一驚）大海，……是你……你怎麼進來的？

大：鐵門關著，叫又叫不開，……我就爬牆進來了！

貴：爬牆進來幹什麼？……你想偷東西麼？……

大：爸，……這麼晚了，……你來周公館幹什麼？……

貴：還不是向太太求情，……希望能讓我和四鳳，……再來幹活兒。……

大：哦！……

貴：你和你媽……去找四鳳，……找著了嗎？……

大：雨太大了，……到處淹水，……走了快一個鏡頭了，……也沒見她的踪影，……媽說，……也許……她會上這兒來，……媽……現在還在門外等著，……她進不來呀，……爸，……你看見四鳳沒有？

貴：我沒有看見，……你們小題大做，……不要管她，……一回兒，她會回自己家去的，……這兒的差使，……太太已答應我們回來，……好了，……你跟我回去吧！

大：既然來了，……我就不想走了！……

貴：你想幹什麼？……還想來惹禍？

大：我想，……找那位大少爺談談……他一定回家來了，……

貴：我看你神色不對！……想……，抓住他揍他一頓！

大：不，……我只想找他談談！……

貴：大海，……你得答應我，……只是和他談談，……千萬別打架！

大：我不會打架，……他……也不是我的對手！……

貴：眞的？……

大：爸，你……告訴我，大少爺……他住那間房，就行了。

（太：「魯貴，……你和誰在講話？」……自遠處傳來）

（貴：回應，……「我……在和我兒子講話」……）

大：你……先去把邊門打開，……讓媽進來，先避一避雨，……再帶我去見大少爺！……

太：（走近聲）……魯貴，……他怎麼走了呢？唉，……你是誰？……
大：我是四鳳的哥哥，……爲了四鳳的事，……我來找你家的大少爺……
太：我怕他不會來見你。
大：爲什麼？
太：他馬上就要搭夜車走了。
大：什麼？搭夜車走了。……
太：你有急事，……你可以直接上他房裡去找他……喏，……就是燈還亮著的那個屋子！
大：好，……我……這就去找他！
（音樂）
（敲門聲）
萍：誰？……
大：是我！魯大海。（開門聲）
萍：想不到，……你會追到這兒來！……
大：剛才，……在我家被你逃跑了，……可是跑得了和尚，跑不了廟！……你……跑不掉的，……聽說，……你要搭夜車，……就走人了，是嗎？……
萍：你來的還是時候，……我還沒走，……你預備怎麼樣？……我已經準備好了。
大：（冷笑）你準備好了？

萍：嗯！……

大：（上去，先打了兩個很響的耳光）我先把你打我的耳光，加倍還給你。……哼，……你玩了我妹妹，……現在……要……離開家，遠走高飛了。

萍：離開家，……遠走高飛，……我早有這個計劃。……

大：哦，……早有這個計劃？……你是個有錢的少爺，……拿窮人家的女兒開開心，完了事，……可以不負一點責任嗎？……

萍：你是找我算帳來的？……好，……你來吧，……你帶了什麼兇器，……就使出來吧！我不怕！……你以為我怕死，……我不怕死，……我活夠了，我是個活厭了的人。

大：哦，……你活厭了？……可是你還來找我妹妹來陪著你。

萍：我不是個沒心肝的人，跟你妹妹，不是開開心，……就沒事了，……我是真心愛她，……她也真心愛我，……

大：你說的倒好聽，……那你為什麼不娶她？……你年紀也不小了。

萍：我恨我的環境，……在這樣的家庭，會允許我娶她嗎？……

大：所以，你一面表示是眞心愛她，跟她好，……一面還想著你的家庭，你那董事長的爸爸，……一定會叫你把我妹妹丟掉，……再娶一個門當戶對的闊小姐來配你，對不對？

萍：不是這樣的，……這次我離開家，……就是要離開我父親，……好和你妹妹正式結婚啊！

大：你說得好聽，……所以，要走了，還深更半夜到我家來，找我妹妹。

萍：你是四鳳的哥哥我才這樣說……我愛四鳳，我會娶她做我的太太，決不虧待她！

大：大少爺，……你說的話，誰會相信？……你會愛上一個工人的妹妹，一個當老媽子的窮女兒？

萍：（停頓了半晌，激動的）……我老實告訴你，……因爲有另一個女人逼著我，激成我這樣的！

大：什麼？……還有另一個女人逼著你？

萍：嗯，……就是……這兒的太太……也是我的後母。這件事，壓在我心裡，好幾年了，……她比我大幾歲，……唸過書，受過教育，……她因爲我比她年青，……跟我發生了感情，……做了不可告人的事！……

大：四鳳知道麼？

萍：她知道，……那時候，……我糊塗，知道做錯了事，就很害怕。……我恨，這種不自然的關係，……我決心要離開她，……然而她不放我走，緊拉著我不放。……我眞是痛苦極了！……我喝酒、胡鬧、麻醉自己，只要能離開她，……我死都願意。……後來，……我見著四鳳，……才使我，……還有活下去的生機！

大：哦！……

萍：這些都是我心裡的話，悶了多少年，對誰也說不出的，……奇怪，……我怎麼突然，……全跟你說了……

大：你眞準備要娶四鳳？……四鳳是個傻孩子，……她跟了你，……她不會再嫁第二個人的！

萍：我今天走了，過一、兩個月，我就回來接她！

大：董事長的大少爺，你說的話，……我能相信嗎？……你一走，……也許再也見不到你了。……乾脆，……我今晚……就殺了你！……（拔出手槍）

萍：啊，……你身上帶了手槍？……你不相信我……好，……你開槍吧！……

大：你眞的一點兒也不怕死！……

萍：我不是早和你說了，……我活厭了！……我歡迎……你來收拾我！……

大：（遲疑）你……眞有種！……好，我相信你說的話。……這把槍，……是你們礦上警察用的，……我還給你！……

萍：（接過手槍）……你眞不殺我？

大：我希望你，爲四鳳，……好好活著，……別辜負了她對你的眞情。

萍：時間不早了，……我得……收拾東西走了。……

大：四鳳，……她沒找到你這兒來嗎？

萍：沒有，……她到那兒去了？……

大：你逃跑了，她也走了，……我和媽，……在風雨裡，找了很久，就是沒找到她，……我媽擔心，……她會去跳河，……

萍：不會吧？……

大：她沒來找你？……那會到那兒去呢？……

（音樂）

（雨聲，……突傳來口哨聲）

萍：呀，……是四鳳來了，……她在吹口哨，……（也吹起口哨回應）

（敲門聲）

萍：鳳，……（開門聲）快進來，……我這兒沒有旁人。（腳步聲進入）你怎麼進來的？瞧你衣服全濕了，……手冰涼，……先把濕衣服脫了吧！

四：我是從小門進來的，……萍，……你還好吧，……我們像隔了多年不見了。

萍：你媽和你哥哥，都在找你，……你跑那兒去了呢？……哪……先把這毛毯圍上，……你在發抖呢！

四：我一個人逃出家，……在雨裡跑……不知道，該跑那兒去才好。……天上打著雷，前面是糢糊的一片，……我什麼都忘了，我像是聽見媽在喊叫我……可是我怕，……我怕見媽！……我想，……死了算了……我找我家附近的那一條河……準備跳河……死了算了！

萍：哦，……可憐的鳳！

四：——可是，……我繞來繞去，總找不著那條河！……

萍：鳳，……我對不起你……你原諒我，……不要怨我。

四：萍，……我不會怨你的，……轉了很多圈……我迷迷糊糊的走到這兒，在花園那電線桿下，……我想只要一碰那掉下舊電線，……就電死算了，我怕我曾對我母親跪下發的誓，……我是該被電死的，……我正打算這樣做的時候，突然看到你屋子裡的燈亮著，我覺得，我不能這樣就死，……我不能一個人去死，……我丟不下你。……忽然，……我想起來，世界大得很，我們可以走，……一起離開這地方，萍，你說是不是？

萍：（沉重地）我們……一起離開這地方？……

四：這是唯一的一條路。……萍，……我現在已經沒有家，……哥哥恨我，母親，我沒有臉見她……我現在什麼都沒有了，我沒有親戚，沒有朋友，我只有你了，……（哀求）萍，你明天帶我走吧！……

（停了片刻）

萍：不，不……

四：萍，……明天，你不能帶我走嗎？

萍：（決然）……不是明天，（決然）……我們現在就一起走。

四：現在就走？

萍：原先，我是打算一個人先走，以後，再來接你，可是，……你為了我，……竟然想去死，……我們就一塊走吧！

四：萍，……現在，一塊兒走！……是眞的嗎？

萍：是，眞的！……

四：（高興的擁抱聲）哦，……萍，……你……是我的救星，你是世界上，……頂好的人，……哦，……萍，……我愛你。……

萍：鳳，……以後，……我們永遠，……再也不要分開了！

四：永遠不分開了。……

萍：鳳，……走以前，……我們去告訴一個人！……

四：誰？……是……太太嗎？

萍：不，……是你哥哥，……他到處在找你，剛才他還在我這兒！

四：不，你不要見他，……他恨你，……他會害你的，……走了，我們這就走吧！

萍：我已經見過他，……他可能在飯廳裡，……（叫）魯大海……

四：萍，……不要管他，……我們……這就走吧，……驚動了老爺、太太、……就走不成了，……

萍：奇怪，……（腳步聲）他沒有在飯廳，……又會到那兒去了呢？……

（風雨聲中，腳步聲）

四：哥，……媽，……你們在這兒避雨？……

大：四鳳，……終算把你找到了。……媽……急死了，以為你投河去了呢！

魯：鳳兒，……我可憐的孩子，總算找到你了。

四：媽，……求您饒了我吧！……我忘了，在您面前起的誓了！……
魯：鳳兒，……你跟大少爺，……好，……爲什麼不早告訴我呢？
四：媽，……我怕您……不高興，……從此，……不喜歡我，……看不起我，……所以一直不敢告訴您……
魯：怪我太糊塗了，……我早應該想到的！（哀傷地）誰會料想到，……天底下，會有這麼巧的事，……媽命苦，……你們的命也太苦了。
大：媽，……我們快走吧，四鳳，先跟我回家去，……我已經和大少爺說好了，他先走，……過一段日子，……他再回來接四鳳走！
魯：大海，……你說什麼？……讓四鳳跟他走？……萍，……你叫周萍，是不是？
萍：魯媽，……是呀！……請您相信我，我一定好好待四鳳，……我決定……現在就帶她一起走！離開這兒！
魯：不，不成，……你們倆個，……不能夠在一塊兒！絕不能！
四：媽，……你不贊成，……我和他在一起？
魯：嗯！……媽……不贊成你們在一起，……老天在上，……它也不會贊成的！
大：媽，……你怎麼啦？……
四：媽，……你……要我和他分開？……
魯：鳳，……你跟媽回家去！……大海，……快去叫一輛洋車，……四鳳，……大概走不動了，我們快走，……現在就離開周家！

四：媽，……你不疼我了！……

魯：快走，……說什麼也不成！……

四：媽，……你不讓我跟他走，……你要……你的女兒，……急得要死在你的眼前麼？

萍：魯媽，……我知道，我對不起你，……不過，……我會盡力補償我的過錯，……現在事情已經發生了，……你就讓鳳和我一起走吧！

魯：大海，……先去僱車去。……鳳兒，……你聽著，……媽，……說什麼也不准你和他在一起，……跟媽回家去吧！

四：（急叫）媽，……媽……（聲漸弱，暈了過去）……

魯：孩子，……你怎麼啦，……暈過去了。……四鳳，……你醒一醒啊！……

萍：我去拿萬金油去！……

大：不用，……不要緊，我給她噴一口冷水，……她就醒過來了。……

（噴水在臉聲，又噴一次）

四：啊，媽！……

魯：天哪，……你終於醒過來了！……你把媽急死了！……

四：（嘆一口氣）……媽……求你還是答應我跟他走吧！……

魯：鳳兒，……不是媽不肯成全你的終身大事，……就是……你知道，……他是誰嗎？……

他是老爺的大少爺，……咳，……媽有說不出的苦呀！

四：媽，……我最近常會頭暈，……該「來」的，……也沒有來……

萍：鳳，……你好點了沒有？

魯：孩子，……你是不是，還有事瞞著媽？……

四：媽，……（傷心哭了起來）……我怕你罵我，……所以始終瞞著，不敢告訴你！……

魯：什麼事瞞著我？……你快說呀！……

四：（抽咽）我，……我……跟他，現在……已經「有」了！

（音樂震撼升起）

魯：什麼？你跟他已經有了？……

萍：四鳳，……眞的嗎？……你連我也不說。……

魯：四鳳，……多久了？……你說話呀！

四：已經三個月了。……

魯：天哪，……爲什麼要這樣懲罰我！……

萍：魯媽，……你不要再固執了，……都是我的錯！……不過，我向你保證，……我保證……

……會和她結婚的！

四：媽，……求你可憐我們，答應我和他走吧！……

魯：天哪，……我是在做夢嗎？……我的女兒……竟然……做了這麼糊塗的錯事，……（痛哭失聲）……（咬牙）好……媽，答應你們，……你們一起走吧，……我再也不認你是我的女兒！……

四：媽，……

大：媽，妹妹已懷了他的孩子，……你就讓他們走吧！

魯：好，……你們走吧！不過未走以前，你們要答應我一件事！

萍：你說吧！……

魯：你們不答應，我還是不讓四鳳走的！

四：媽，……您說，……什麼事？我都答應你。……

魯：你們走，走得越遠越好，不要回頭再來找我！……以後，無論生死，……永遠不許你們來見我！

四：媽，何必這樣！

萍：鳳，我們……走了再說！……過些日子，……她……不會不讓我們見她的！

四：好，媽，……我答應你，……我們走了。……

魯：大海，你叫車，……送他們到車站，……我回家去了。

（音樂）

（「拍」「拍」接連幾聲響，屋內的燈全給打開了！……）

四：呀，……誰把這兒的燈，……都打開了！……啊，……太太…你還沒睡？

萍：（吃驚地）哦，……是你，……怎麼又下樓來了？

太：呵……你們三個人，……帶著行李，……要到那兒去呀？……外面下著雨，還打雷呢！

……

萍：你在門外，……聽了很久啦？……

太：不僅是我在聽，……還有別人呢！……冲兒，……你……到飯廳來！

四：二少爺！……你沒睡？……

冲：四鳳！……是媽叫我來的，……你們要到那兒去？

萍：你把弟弟叫來做什麼的？

太：來跟你……和四鳳送行呀！

萍：你……眞卑鄙！……世界上沒有像你這樣的母親！

冲：媽，……這是怎麼回事？

太：你去問四鳳呀！……她要跟你哥哥，……一起離家出走！……

冲：四鳳，是嗎？……你爲什麼不早告訴我？……

四：我早告訴你了，……我心裡……已經許給一個人了，……那個人，就是他！……

太：冲兒，……你還在做夢，沒有清醒，是不是？……你怎麼不說話了呢？你不抓著四鳳，

還有你哥哥，……問個清楚嗎？……

冲：我……要說什麼呢？……這事情，……太突然了。……

太：你這糊塗蟲！難道見著自己喜歡的人，叫人搶了去，……你一點兒也不動氣嗎？

冲：不……媽，……只要四鳳她願意，……我沒有什麼好說的！

萍：弟弟，……你一點也不怪我？

冲：不，……我忽然發現……我覺得……我好像只是喜歡四鳳，並不是眞愛四鳳，……她拒絕了我，……我也沒生氣！……哥，……你把她帶走，……只要好好地待她！

太：哦！（生氣）冲兒……你不是我的兒子，……你一點兒也不像我！……你……（氣極）……簡直是條「豬」！

冲：媽！……你罵我是豬！

太：你眞沒有半點男子氣！……我要是你，……我就打她、罵她，……甚至殺了她！……你糊裡糊塗，沒有一點生氣的樣子，……眞讓我失望，……你一點兒也不像你父親，……我完全看錯你了，……你……不是我生的兒子！……

萍：唉，……你是冲弟的親生母親，……你怎麼可以這樣說話！

太：萍，……你……說……你把「你我」的事說出來，……我不怕，……你告訴冲兒，我現在已經不是他的母親了！

冲：媽，……你神經又錯亂了？

太：我叫冲來的時候，我早已忘了我自己，冲，……你不要以爲，我是你的母親！（高聲）你的母親早已死了，……叫你父親折磨死了！……現在，我不是你的母親，……她是見了周萍，……又活過來的人，……她需要一個男人愛她……才能活下去的女人！……

冲：媽……哦……你……眞瘋了嗎？

萍：她……又犯病了，……（向太說）媽，……你跟我回房去吧，……你大概受了什麼刺激……該去歇一歇！

太：誰說，……我犯病了？……我沒有病，我的神經正常得很，……你們不要以爲我在說胡話！（哀痛地掉下眼淚）……我忍了十八年了，……我在這監獄似的死地方，一切受一個活閻王控制，可是我心沒有死！……只有他……救活了我，……可是，現在，……他變了心，他又不要我了！……

冲：媽，……我最愛的母親，……這究竟是怎麼回事？……

萍：她在說瘋話，……你別聽她的！

太：我沒有瘋，……不要像你父親，……逼著我喝苦藥！……我活著，眞是太痛苦了，……沒有一個人，……同情我，可憐我！……

魯：四鳳，……太太……她……眞是瘋了嗎？……

四：媽，……她……心裡苦悶，……老爺在家的時候，……也很少和她有說有笑的！……

萍：夠了，四鳳，……你扶太太上樓去吧，……別再由她發瘋了。……

太：我沒有瘋，我一點兒也沒瘋，萍……你……過去，……眞是愛過我的，……你說了不少我一輩子也忘不了的話！……我現在還有一口氣在，……我要你說，……告訴……這兒每一個人知道！

萍：你叫我說什麼？……你還是上樓去吧！……別讓人看你的笑話！……

太：你不用裝，……萍，……你告訴大家，……我並不是你的後母！

冲：媽！……

太：你……告訴你弟弟，……告訴四鳳，……還有四鳳的媽！

萍：你……這是何苦，……過去的事，何必再提呢！……讓冲弟，一生都不快活！……

太：我沒有孩子，也沒有丈夫，……更沒有家，……現在，我什麼都沒有，我只要你，萍，……對我說：──「我是你的人」

冲：媽！……

萍：你不要冲弟了！……你看他可憐痛苦的樣子，……你沒有一點做母親的愛心嗎？

太：你可眞學會你的父親了，……虛情假意，……完全是在欺騙！你騙了我，又騙了你弟弟，……更騙了你父親！……

萍：我沒有欺騙任何人，……四鳳，不要理她，……隨她怎麼說，她已完全瘋了，我們走吧！……

太：（瘋笑）……哈……哈……我是瘋了，……可是，……你們休想走得出這個大門！……

（音樂）

太：走，……你們都到大客廳去！……冲兒，你父親已經醒了，……他馬上就會下來！

冲：媽……

魯：太太，……我不想見老爺！……讓我回去吧！

太：不，既然來了，……你是四鳳的媽，……和老爺是親家了，……怎麼能不見就走呢？……請，……誰也別想離開這兒！……

萍：唉，……你這是幹什麼？

太：（冷冷地）我要你父親，親眼看過他將來的好媳婦，……你們再走也不遲啊！……魯嫂，……我叫老爺下來，……沒錯吧！……

萍：四鳳，……我們到客廳去，別怕！

（一群人腳步聲）

太：冲兒，……把門關上，……燈打開！（關門聲，開燈聲）……（向樓上叫）樸園，……你快下來啊！……

（周下樓腳步聲）

周：你大喊小叫的，……把我吵醒，……究竟發生了什麼事？……非要我下樓來！……萍兒……提早一班車走……就讓他走就是了。……

太：樸園，……我……是要你來見見，……你未來的好媳婦，……還有你……的好親家！……喏，……

周：（見魯一驚）你，……你……怎麼，半夜裡，……又回來啦！……四鳳，你不是已經走了嗎？

四：老爺，……

太：樸園，……我來介紹，……這是你未來的媳婦，……四鳳，……叫他爸爸，……這是四鳳的媽，……你的親家！……

魯：太太，……你不用介紹了。

太：萍，……過來，當著你父親的面，……跟四鳳的媽磕個頭，……行個禮！

萍：爸，……我……要這麼做嗎？

周：什麼？萍兒，……你要四鳳，……做你的太太？……

萍：爸，……你不同意嗎？

周：侍萍，……你眞糊塗，……這怎麼可以呢？

魯：不，……你弄錯了？……

周：侍萍，……怎麼說我弄錯了呢？……是您自己弄錯了吧！……四鳳是你生的，……萍兒也是你生的，……這……你也忘了嗎？……

太：什麼？……樸園，你說什麼？萍兒也是她生的？

周：你不用大驚小怪，……她……就是萍兒的母親！

太：你不是告訴我說，萍兒的母親早死了嗎？……怎麼會是她呢？

周：卅年前，她是投河死了，……可是誰知道，她命不該絕，……又被好心人士救活了呢！

四：媽，……眞是這樣嗎？……

太：（大叫）天，……哪！……怎麼會有這樣的事！……

周：我也是今天，她來我們家，……我才知道的！……萍兒，……你過來，……我已經告訴過你，……你親生的母親沒有死，……她還活在世上，……只是她已嫁了人，不方便再見你，……誰想到，……她……走了，……又回來了呢？……

萍：（悔恨、訝異）爸，……我希望見我親生的母親……可是，……不應該是她！……她是四鳳的母親啊！

周：萍兒，……她雖沒有什麼地位，……是下人的太太，……可是總是你的母親啊！

萍：（痛苦萬分）哦，……爸！……她是四鳳的母親啊！

四：哦……媽！……萍，……他眞是你生的。

周：萍兒，……不要以爲你跟四鳳同一個母親，覺得臉上沒有光彩，……難道，……你讀了書，忘了人倫天性。

萍：……那……我和四鳳，……是親兄妹嗎？……

周：是呀！……萍兒，……你原諒爸，……我這一生，就做錯了這一件事，……當年，……我把你媽，……趕了出去，沒想到，……她會去投河自殺，……更沒想到，中間又被人救活了，沒死，……而今天，……還會到我們家來，……我想，……這只能說是天命。……

……（向魯嫂說）侍萍，……我老了，……剛才，我叫你走，……我很後悔，……現在，萍：你回來了，……我給你貳萬塊錢，萍兒是個孝順孩子，他會好好侍奉你，讓你過好日子的，……我對不起你的地方，……由他來補償吧！……

萍：（向魯）魯媽，……我應該叫你媽，才對。……媽。……

魯：萍兒，……可是，……你跟四鳳，……怎麼辦？……

周：萍兒，……給你媽跪下，……不要以爲……天還沒亮，……你是在做夢，……她的確是你的生母，……你能和你母親重逢、團聚，……這是很不容易的！

太：樸園，……你眞老了，……忘了，……萍兒要和四鳳結婚的事啦！……他們既是同胞兄妹，……怎麼可以結婚呢？……

周：（一怔）什麼？萍兒……要和四鳳做夫妻，……侍萍，……我們要做親家，……這怎麼可以呢！……這……不亂倫了嗎？……

四：萍，……媽……天哪，……爲什麼這些事，會發生在我身上？……萍，……我們還能一起走嗎？……

萍：四鳳，……哦……沒想到，……事情……會變成這樣！……

周：萍兒，……千萬不可以，……我做錯了，……你……不能，也跟著錯呀！

四：我……不想活了，……讓我去死吧！……（奔出）

（風雨打雷聲）

太：冲兒，……不好了，……你快去追四鳳，……她好像，……跑到花園裡去了！快去呀！

冲：（奔出聲）四鳳，……四鳳，……

四：二少爺，……別拉著我，……讓我去死吧，……我沒臉見任何人！……你放手啊！（掙脫聲）

冲：四鳳，……你……小心……前面有電線掉在地上，……會電死人的！……

魯：四鳳，……快回來啊！

萍：四鳳，……四鳳……

（四：「啊」……慘叫聲）

冲：四鳳，……你被電到了……啊！……（也發出慘叫聲）

（音樂）

貴：（喘氣聲）……老爺，……不……不好了……

周：魯貴，發生了什麼事？……瞧你臉都發白了！

貴：二少爺，……被花園裡那根掉在地上的電線，電死了！……

周：怎麼會呢！

貴：先是四鳳觸了電，被電到了……二少爺去拉四鳳，……也被電吸住，……跑不掉了……

二個人……都被電死了！……

周：怎麼？一下子會發生這樣的事！

太：魯貴，……叫你去找電燈匠來修，……怎麼沒修……好呢！……

貴：太太，……大風大雨，……我跑了好幾家水電行，……他們都不肯來呀！

周：……侍萍，……我們一起去看看！

貴：不用去看了，……人都已經叫電火燒焦了，……碰都不能去碰！……

魯：天哪……是老天在懲罰我，……我不該……要四鳳跪下對天起誓的，如今……應驗了！

……我可憐的孩子，……媽害了你了。

太：冲兒……我的冲兒，……你剛才還好好的，……怎麼一下子，……會死得這麼慘，……是媽不好，……不該叫你去追四鳳的！

（一片哭聲中，有人在外叫：「老爺，……那個工人，魯大海，又來了，……不讓他進來，……他非進來不可！」……）

周：魯大海，……別攔住他，……讓他進來！……

（外面人聲：「這小子打傷了我們好幾個，一溜烟從小門跑了！」）

周：跑了，……怎麼讓他跑了呢？……快去追！追呀！

（外面人回話：「是，老爺」）

周：大海，……也是我的親生兒子，……冲兒死了，……我要把找他回來，我要讓他回到礦上去，……繼續幹活……

魯：你……還讓他回去上工嗎？……大海，他不會去的，……他的性子太剛烈了，……他恨你，……我相信，……他不會回來見你的！……

周：倆個孩子，……都離我而去了！……四鳳也死了，……萍兒呢？……侍萍，……你……有沒有看見萍兒？……他怎麼……不在客廳了呢？……

魯：四鳳死了，……他……不會……也去碰那根電線吧！

周：萍兒，……是我僅有的兒子啦，……千萬別做傻事啊！……魯貴，……快去把大少爺找回來！……花園那邊，……有人守著嗎？……別讓他走近啊！……

貴：老爺，……你別慌，我這就去找大少爺！（邊走邊叫大少爺，大少爺，你在那兒啊！……）

（突然，隔房傳來一聲「呼！」槍響）

（人倒下聲）

貴：（推門聲）啊！……大少爺，……在他自己房裡，開槍自殺了！（急奔出）老爺，不好了，……大少爺，……他開槍……自殺了！……

周：什麼？萍兒也死了！

魯：萍兒！……（痛哭）

太：啊，……萍……（哭）

（音樂哀怨的升起）

報幕：「雷雨」演播到此，全劇終，……謝謝您的連續收聽。

——全劇終——

附錄㈠ 姜龍昭著作出版書目

作品名稱	類別	出版處所	字數	出版年月日
烽火戀歌	獨幕劇	總政治部	約二萬	四十一年十二月
奔向自由	獨幕劇	總政治部	約二萬	四十二年十二月
自由中國進步實況	報導文學	中央文物供應社	約廿萬	四十九年十二月
六六五四號啞吧	電視劇選集	平原出版社	約三萬	五十三年二月
電視綺夢	電視劇選集	正中書局	約五萬	五十五年九月
金玉滿堂	電視劇選集	菲律賓劇藝社	約十二萬	五十六年九月
父與子	獨幕劇	僑聯出版社	約二萬	五十六年十二月
碧海青天夜夜心	電視劇選集	商務印書館	約十二萬	五十七年一月
一顆紅寶石	電視劇選集	菲律賓劇藝社	約十萬	五十八年二月
金色陷阱	電視劇選集	東方出版社	約十二萬	五十八年六月
故都風雲	廣播劇	軍中播音總隊	約二萬	五十九年四月
孤星淚	多幕劇	僑聯出版社	約四萬	五十九年四月

情旅　小說　新亞出版社　約六萬　五十九年五月

春雷　小說　新亞出版社　約六萬　五十九年十月

長白山上　圖畫故事　新亞出版社　約六萬　六十年三月

紅寶石　獨幕劇　中國戲劇藝術中心　約二萬　六十年十二月

長白山上（與人合編）　電視連續劇　正中書局　約五十萬　六十一年十月

海戰英雄　廣播劇　總政治作戰部　約二萬　六十三年十月

吐魯番風雲　多幕劇　商務印書館　約四萬　六十五年六月

眼　多幕劇　商務印書館　約四萬　六十五年十二月

海與貝殼　小說　正中書局　約十八萬　六十五年七月

電視劇編寫與製作　論著　黎明文化事業公司　約十二萬　六十五年七月

金蘋果　兒童歌舞劇　中國戲劇藝術中心　約四萬　六十七年三月

電視縱橫談　論著　聯經出版社　約十四萬　六十八年三月

一個女工的故事　電影劇本　遠大出版公司　約八萬　六十八年六月

姜龍昭選集　綜合　黎明文化事業公司　約十八萬　六十八年九月

電影戲劇論集　論著　文豪出版社　約廿萬　六十八年十二月

電視編劇理論與實務（與人合著）　論著　中視週刊社　約廿萬　七十年三月

中華民國電視事業的回顧與前瞻（與人合著）　論著　中國電視公司　約廿二萬　七十年十月

姜龍昭劇選(第一集)	劇本	遠大出版公司	約十八萬	七十一年四月
戲劇編寫概要	論著	五南圖書出版公司	約卅萬	七十二年三月
一隻古瓶	多幕劇	漢欣文化公司	約三萬	七十三年三月
金色的陽光	多幕劇	文化建設委員會	約三萬	七十三年三月
幾番漣漪幾番情(與人合編)	多幕劇	文化建設委員會	約四萬	七十三年三月
英風遺烈	傳記文學	近代中國社	約十二萬	七十三年三月
武昌首義一少年	傳記文學	黎明文化事業公司	約十二萬	七十三年三月
母親的淚	多幕劇	教育部	約四萬	七十四年二月
最後的一面	小說	晨星出版社	約十二萬	七十五年三月
戲劇評劇集	論著	采風出版社	約十二萬	七十五年五月
淚水的沉思	多幕劇	教育部	約四萬	七十七年八月
香妃考證研究(正集)	考證	文史哲出版社	約十四萬	七十七年十月
姜龍昭劇選(第二集)	劇本	文史哲出版社	約廿萬	七十七年十月
血洗天安門	廣播劇	中興出版社	約二萬	七十九年三月
淚水的沉思(中英文對照)	多幕劇	文史哲出版社	約四萬	八十年十一月
飛機失事以後(中英文對照)	多幕劇	文史哲出版社	約四萬	八十一年七月
泣血煙花(中英文對照)	多幕劇	文史哲出版社	約四萬	八十一年十二月
香妃考證研究(續集)	考證	文史哲出版社	約十八萬	八十一年三月

李商隱　多幕劇　教育部　約四萬　八十二年四月

細說流行語（第一集）　考證　號角出版社　約十萬　八十二年八月

細說流行語（第二集）　考證　號角出版社　約五萬　八十三年五月

如何編劇本　論著　新中國出版社　約十二萬　八十三年四月

李商隱之戀（中英文對照）　多幕劇　文史哲出版社　約四萬　八十四年十二月

細說流行語（第三集）　考證　健行出版社　約十二萬　八十五年一月

細說流行語（第四集）　考證　健行出版社　約十二萬　八十七年一月

姜龍昭劇選（第三集）　廣播劇　文史哲出版社　約十六萬　八十七年三月

戲劇評論探討　論著　文史哲出版社　約十四萬　八十七年五月

姜龍昭劇選（第四集）　廣播劇　文史哲出版社　約八萬　八十八年三月

附錄(二) 姜龍昭歷年得獎紀錄

(1)四十一年編寫兒童劇「榕樹下的黃昏」獲臺灣省教育廳徵兒童劇首獎。
(2)四十二年編寫獨幕劇「奔向自由」獲總政治部軍中文藝獎徵獨幕劇第三名。
(3)四十三年編寫多幕劇「國軍進行曲」獲總政治部軍中文藝獎徵多幕劇佳作獎。
(4)四十七年編寫廣播劇「葛籐之戀」獲教育部徵廣播劇佳作獎。
(5)五十一年編寫廣播劇「六六五四號」獲新文藝月刊祝壽徵文獎首獎。
(6)五十三年編寫電視劇「青年魂」獲青年反共救國團徵電視劇佳作獎。
(7)五十四年編寫廣播劇「寒澗圖」獲教育部廣播劇佳作獎。
(8)五十六年編寫「碧海青天夜夜心」電視劇獲中國文藝協會頒發「最佳電視編劇文藝獎章」。
(9)五十六年編寫獨幕劇「父與子」獲伯康戲劇獎徵獨幕劇第四名。
(10)五十七年編寫多幕劇「孤星淚」獲伯康戲劇獎徵多幕劇首獎。
(11)五十九年因出版劇本多種，人物刻劃細膩，獲教育部頒發戲劇類「文藝獎章及獎狀」。
(12)六十年製作「春雷」電視連續劇，獲教育部文化局頒巨型「金鐘獎」乙座。

⒀六十年編寫連續劇「迷夢初醒」使「萬福臨門」節目獲教育部文化局頒「金鐘獎」乙座。
⒁六十一製作「長白山上」電視連續劇，獲教育部文化局頒巨型「金鐘獎」乙座。
⒂六十一年與人合作編寫電視連續劇「長白山上」，獲中山文化基金會頒「中山文藝獎」。
⒃六十三年製作電視連續劇「青天白日」獲中國電視公司頒發獎狀。
⒄六十四年編寫宗教話劇「眼」獲「李聖質戲劇獎」首獎。
⒅六十四年編寫電影劇本「勇者的路」獲國軍新文藝金像獎電影劇本徵文佳作獎。
⒆六十五年製作電視節目「法律知識」獲司法行政部頒發獎狀。
⒇六十五年編寫多幕劇「吐魯番風雲」獲臺北市話劇學會頒第三屆「最佳編劇藝光獎」。
(21)六十五年編寫電影劇本「一襲輕紗萬縷情」獲電影事業發展基金會徵電影劇本佳作獎。
(22)六十五年編寫電影劇本「大海戰」獲國軍新文藝金像獎電影劇本徵文「銅像獎」。
(23)六十六年製作電視節目「法律知識」獲行政院新聞局頒巨型「金鐘獎」乙座。
(24)六十七年編寫兒童歌舞劇「金蘋果」獲教育部徵求兒童劇本首獎。
(25)六十八年編寫電影劇本「鐵甲雄獅」獲電影事業發展基金會徵求電影劇本優等獎。
(26)六十九年獲臺灣省文藝作家學會頒發第三屆「中興文藝獎章」電視編劇獎。
(27)七十年編寫舞臺劇「國魂」獲教育部徵求舞臺劇第二名，頒發獎狀及獎牌。
(28)七十年編寫電影故事「鳥棚中的奮鬥」及「吾愛吾師」雙獲電影事業發展基金會入選獎。
(29)七十一年製作電視節目「大時代的故事」獲中央黨部頒發「華夏」二等獎章及獎狀。

(30)七十一年獲國軍新文藝輔導委員會頒發「光華獎」獎狀。
(31)七十二年編寫舞臺劇「金色的陽光」獲文建會委員會徵求舞臺劇本第二名及獎牌。
(32)七十二年參加教育部委託中華日報家庭休閒活動徵文獲第三名。
(33)七十二年編寫電影故事「老陳與小柱子」獲電影事業發展基金會徵求電影故事入選獎。
(34)七十三年編寫舞臺劇「母親的淚」獲教育部徵舞臺劇第三名，頒發獎狀及獎金。
(35)七十四年編寫廣播劇「江爺爺」獲中華民國編劇學會頒發「魁星獎」。
(35)七十六年因實踐績效評定特優獲革命實踐研究院兼主任蔣經國頒發獎狀。
(37)七十七年編寫舞臺劇「淚水的沈思」獲教育部徵舞臺劇佳作獎，頒發獎牌及獎金。
(38)七十八年編寫廣播劇「地下英雄」獲新聞局舉辦國家建設徵文獎，頒發獎金。
(39)七十八年編廣播視劇「血洗天安門」獲青溪新文藝學會頒「金環獎」獎座及獎金。
(40)七十八年編寫電影劇本「死囚的新生」獲法務部徵電影劇本獎，頒發獎金。
(41)七十九年編寫電影劇本「綠島小夜曲」再獲法務部徵電影劇本獎，頒發獎金。
(42)八十年製作電視教材「大地有愛」獲中國國民黨考核紀委會頒發獎狀。
(43)八十二年服務廣播、電視界屆滿卅年，獲新聞局頒發獎牌。
(44)八十二年編寫舞臺劇「李商隱」獲教育部徵舞臺劇佳作獎，頒獎狀及獎金。
(45)八十二年編寫廣播劇「李商隱之戀」獲中華民國編劇學會，頒發「魁星獎」。
(46)八十五年配合推行拒菸運動，獲行政院衛生署頒發獎牌。

(47)八十六年推行軍中新文藝，獲國軍新文藝輔委會頒發「特別貢獻」獎座及獎金。
(48)八十六年編寫廣播劇「異鄉」，獲中國廣播公司「日新獎」。

附錄(三)

姜龍昭廣播劇（已出版者）

(1)六六五四號——五十一年十月「新文藝」月刊。
(2)故都風雲——五十八年由軍中播音總隊出版。
(3)海戰英雄——六十三年總政治作戰部出版之「谷中清泉」書中刊出。
(4)四江爺爺——七十二年五南圖書公司出版之「戲劇編寫概要」書中刊出。
(5)五花臉的人——七十三年五南圖書公司出版之「戲劇編寫概要」書中刊出。
(6)陶匠與泥土——七十六年教育廣播網年刊中刊出。
(7)血洗天安門——七十九年中興出版社出版之「薪傳」中刊出。
(8)孟母教子（錄音帶）五十九年中廣公司錄製發行。
(9)二姐的妙計（錄音帶）八十二年萬世傳播公司「懷舊廣播劇」發行。
(10)姜龍昭劇選第三集——八十七年文史哲出版社出版。

（見八十七年二月姜龍昭劇選第三集）